8090
한 페이지 전의 문화사

8090 한 페이지 전의 문화사

2017년 10월 25일 1판 1쇄 인쇄
2017년 11월 3일 1판 1쇄 발행

지은이 | 김민지 김태환 김현아 박형준 서종원
         이미현 이영주 차선일 추선진
기 획 | 서종원 심민기
펴낸이 | 이병일
펴낸곳 | 더메이커
전 화 | 031-973-8302
팩 스 | 0504-178-8302
이메일 | tmakerpub@hanmail.net
등 록 | 제 2015-000148호(2015년 7월 15일)

ISBN | 979-11-87809-19-7 (03300)
ⓒ 김민지 외 8인, 2017

이 도서의 국립중앙도서관 출판예정도서목록(CIP)은 서지정보유통지원시스템
홈페이지(http://seoji.nl.go.kr)와 국가자료공동목록시스템(http://www.nl.go.kr/kolisnet)
에서 이용하실 수 있습니다.(CIP제어번호: CIP2017025803)

80 90

한 페이지 전의
문화사

김민지
김태환
김현아
박형준
서종원
이미현
이영주
차선일
추선진

더메이커

  최근 복고문화의 열풍이 불고 있다. 복고의 주요 무대는 1980년대와 1990년대, 이른바 '8090'시대의 문화다. 옛것이 다시 인기를 끌고 과거로 회귀하려는 움직임은 주기적으로 반복되는 현대문화의 특징적인 현상이다. 현재의 삶이 각박하기만 하면 어느새 과거는 알록달록 추억의 옷을 입고 눈앞에 어른거린다. 분명 과거의 형편이 지금보다 나았을리 없으련만, 과거는 고달픈 현재보다 행복했던 시절로 떠오른다. 그러니 복고의 유행이란 달리 보면 '지금-여기'의 삶이 그만큼 고달프고 어렵다는 반증이기도 하다. 그나마 우리가 언제라도 위로받을 수 있는 마음의 고향으로 과거가 존재한다는 것이 다행스러운 일인지도 모른다.

'8090'시대의 문화가 최근 복고문화의 주역이 된 것은 아마
도 tv드라마 '응답하라 시리즈'의 영향 때문일 것이다. '쎄시
봉'으로 대변되는 1970년대 청년문화도 재조명되고 있지만,
이 역시 2012년부터 시작된 '응답하라 시리즈'가 형성한 복고
유행의 여파로 인기를 얻은 바가 크다. 그런데 tv드라마의 영
향 때문이라고 하지만 그 많은 과거 시대 중에 유독 '8090'시
대의 문화가 다시 유행하는 것은 무슨 까닭일까? 왜 지금 80년
대와 90년대의 과거가 회귀하는 것일까?

흔히 80년대와 90년대는 함께 묶여 거론되지 않는다. 물과
기름처럼 두 시대가 너무 다르기 때문이다. 집단과 개인, 정치
와 문화, 이념과 욕망, 노동과 소비 등 두 시대를 대표하는 키
워드들을 나란히 놓고 보면 그대로 반대말의 대조표가 만들어
진다. 그래서 현대사를 뒤적여보면 늘 80년대와 90년대는 서
로 다른 챕터에 배정되어 있다. 80년대와 90년대 사이에는 커
다란 역사적 간극이 놓여 있다.

이렇게 보면 '8090'이라는 새로운 시대구분의 방식은 어색
하기 짝이 없다. 80년대와 90년대를 나누어 설명하던 버릇은
어디가고 갑자기 두 시대가 격의 없이 다정한 사이처럼 함께
명명되고 있는 게다. 왜 '8090'이라는 표현은 어색하지 않을
까? 그것은 아마도 두 시대를 연결하는 어떤 공통점을 발견했

기 때문일 것이다. 그 공통점이란 바로 문화의 시각이다. 과거의 자질구레한 문화적 소품들을 오롯이 되새기는 '응답하라' 시리즈가 보여준 것도 두 시대를 하나로 이어붙이는 문화적 공통분모이다. 80년대와 90년대는 이질적일 정도로 다른 시대인 것은 맞지만, 다른 한편으로 두 시대의 공통점을 찾을 수 없는 것도 아니다. 역사는 다면적이고 늘 새로운 해석이 가미되는 열린 이야기다. 80년대와 90년대는 오래도록 불화했지만, 이제 두 시대를 연결할 수 있는 어떤 지평이 열리기 시작한 것이다. 그런 의미에서 '8090'시대의 복고 현상은 주기적으로 찾아오는 유행이지만, 또한 과거를 다시 재해석하려는 우리 시대의 어떤 징후이기도 하다. 말하자면 그것은 80년대와 90년 사이 거대한 단절, 그 역사적 상처를 치유하려는 집단적 소망이 반영된 현상일지도 모른다. 80년대와 90년대를 이어붙이려는 복고 현상의 후경에 촛불집회의 모습이 어른거리는 것은 지나친 확대해석일까?

이 책은 기본적으로 문화적 관점에서 80년대와 90년대의 풍경을 되돌아보고자 하는 기획의 산물이다. 복고가 유행하는 시류에 편승하는 기획으로 비칠지 모르지만, 이 책의 의도는 그러한 복고의 흐름에서 더 깊이, 더 멀리 나아가보려는 데 있다. 9가지의 키워드로 들여다본 '8090'시대의 문화와, 그 속에

깃든 우리의 과거 삶의 모습은 친숙하면서도 어딘가 낯설다. 이 책이 그려낸 지난 시절의 풍경은 우리 자신의 낯선 자화상이다. 다시 되돌아가고 싶지만, 정작 복고의 풍경 속으로 성큼 들어가보면 우리가 알지 못했던 '자아'의 모습을 발견할 수 있을 것이다. 80년대와 90년대의 단절을 극복하는 거창한 시대사적 정신에는 부응하지 못하더라도 독자들이 이 책을 통해 우리의 낯선 과거, 낯선 자기 자신과 진정으로 대면하고 화해하는 계기를 얻는다면 더 바랄 게 없을 것이다.

이 책은 9명의 필자들이 함께 쓰고 엮었다. 그 중 여럿은 식민지 조선의 문화를 주제로 이미 함께 책을 엮은 바 있다. 이번에 유능한 필력을 지닌 새로운 필자들이 참여하여 다시 한 번 공동의 결과물을 선보인다. 책을 펴낼 새로운 둥지도 찾았다. 각각 개성이 다른 글들이 가지런히 정돈되고 준수한 외양을 갖췄다. 이병일 사장님을 비롯한 더메이커의 편집자분들께 감사의 마음을 전한다.

▌차례▌

책머리에 / 4

80~90년대로 가는 '티켓, 다방' ·· 11

〈선데이서울〉, 욕망의 만화경에 비친 통속의 시대 ···························· 28

1990, 사고의 기억은 안녕한가요 ·· 49

욕망의 스토어: 24시 편의점의 추억 ·· 73

박물관과 수학여행 ··· 88

그땐 그랬지, 국민학교 어린이 생활 탐구! ····································· 106

8090 TV 만화영화의 세계 ·· 125

걷는 좀비 위에 뛰는 강시 있다 ·· 151

8090 오락실 문화 ··· 174

참고문헌 / 197

80~90년대로 가는 '티켓, 다방'

추선진

1. 〈티켓〉, 한국 사회의 그늘을 조망하다

1980년대 초, 영화배우 김지미는 여행 중 놀라운 일을 보게 된다. 그리고 그 목격담을 영화로 제작해서 사람들에게 알려야겠다고 결심한다. 김지미는 지미필름을 설립하고 첫 작품으로 <티켓>을 제작한다. "'저래서는 안되는데'라는 생각과 그네들의 인간성 회복을 위해 영화로써 사회의 부조리를 고발해보자는 일종의 사명감을 느꼈다. 티켓 한 장으로 인권이 흥정되는 현장을 폭로해보고 싶어서 그 영화를 만들었다. 실제로 그곳에서 일하는 여성들로부터 생생한 이야기를 듣고 그것을 토대로 제작한 것인데도 공윤(한국공연윤리위원회)에서는 그

럴 리가 없다면서 자꾸 제동을 걸더라. 결국 <티켓>은 현실
보다는 많이 순화된 내용으로 엮어져 나왔지만 보는 사람들마
다 충격적이라는 얘기를 해왔다."(한국영상자료원 한국영화데
이터베이스 홈페이지 www.kmdb.or.kr)

　　1986년 개봉한 <티켓>은 당시 지방 중소도시에서 성행했
던 티켓 다방을 소재로 한 영화다. <티켓>은 김지미, 안소영,
박근형 등 주연급 배우들, 임권택 감독의 대중적 인기와 지미
필름이 표방한 사회 고발적 성격, 소재 특성상 필수적으로 가
질 수밖에 없는 선정성으로 흥행에 성공했다. <티켓>은 사회

적 논란의 대상이 되기도 했는데, "서울다방동업조합"이 <티켓>의 내용이 "다방여종업원들의 명예를 훼손할 우려가 있다"며 "영화를 관람 후 문제점이 있을 경우 상영중단 요구 등 강경책을 사용하겠다."며 문제제기를 했기 때문이다.(「"다방 여종업원들 명예 훼손" 방화「티켓」개봉 즈음해 논란」, 『동아일보』, 1986. 8. 23.) 다방업계에서 이러한 반발을 한 이유는 티켓 다방이 다방 이미지에 악영향을 미쳤기 때문이다.

1880년대, 서구 문화와 함께 조선에 커피가 상륙한 이후, 신문화를 접할 수 있었던 공간으로, 지식인과 예술인이 주관하는 문화 공간으로, 사랑방이자 사무실인 사교의 공간으로 대중의 사랑을 받으면서 진화해왔던 다방은 영화 <티켓>이 등장한 1980년대에 이르면 티켓을 매개로 여성을 살 수 있는, 매매춘의 공간으로 타락한 모습을 보이기 시작한다. 티켓 다방의 비윤리성은 다방에 대한 이미지를 추락시켰고 다방의 영업을 어렵게 하는 여러 악재까지 겹치면서 다방은 쇄락의 길을 걷게 된다. 퇴폐와 향락의 길로 빠져든 다방의 모습에서 1980~1990년대 한국 사회의 어두운 면을 엿볼 수 있다.

2. 다방, 티켓을 팔다?!

    1980년대 중반, 새로운 형태의 다방이 급증했다. 차와 문화가 아닌 티켓을 파는 다방, 일명 티켓 다방이다. 차를 마시는 공간 혹은 차를 마시는 분위기를 즐기는 공간, 사람들을 만나고 업무를 보기도 하던 공간인 다방에는 손님들을 응대하고 손님들에게 차를 내오는 여성들, '마담'과 '레지'들이 있기 마련이었다. 손님이 오면 커피를 내오는 것을 당연시 하던 당시 사회 분위기 때문에 다방 손님들은 자기들의 사무 공간으로 찾아온 손님을 접대하기 위해 레지들의 커피 배달을 요청하기도 했고 이는 다방의 매출을 올리는데 큰 도움이 되었다. 그리고 1970년대 중반, 레지들에게 커피를 따르는 것뿐만 아니라 윤락 행위를 강요하는 일들이 벌어진다.

    "티켓 다방이 등장한 것은 1970년대 중반으로 추정된다. 1970년 부산의 한 다방 마담이 커피 10잔을 배달해달라는 손님의 전화를 받고 여관에 배달 갔다가 성추행을 당할 뻔했다는 주간지 보도를 보면 이 시기에는 '티켓 다방'이라는 용어 자체가 없었던 것으로 보인다. 그러다가 1976년 서울 영등포의 한 다방 주인이 여종업원에게 단골손님을 상대로 윤락행위를 강요하는 일이 생기는 등 일부 지역에서 성행하기 시작했다. 그러던 티켓 다방은 1980년대 중반에 급증하게 된다."(홍성철, 『유곽의 역사』, 페이퍼로드, 2007, 285~286면) "1985년 보건사회연감에 나온 전국의 다방은 3만 822개에 달했다. 대도시 다방 숫자는 서울 8,003개와 부산 2,887개, 대구 1,662개, 인천 1,213개 등이었다. 물론 대도시 다방은 단순히 커피를 마시러 찾는 곳이 많았다. 하지만 지방의 1만여 개 다방 대부분에서는 성을 파는 이른바 티켓 영업을 했다."(홍성철, 같은 책, 286~287면) 급증하는 티켓 다방에 대한 사회적인 관심은 1985년 신문기사로 등장한다.

이 기사문은 당시 "강원, 충남 등지 중소도시 다방가에서는 사실상 여자종업원들에게 윤락행위를 알선하는 「티켓판매제」등 신종변태영업행위가 크게 성행하고 있다. 티켓을 취급하는 다방에서는 고객이나 인근 숙박업자의 요청에 따라 1장당 5천~1만원씩 받고 티켓을 발행, 이를 구입한 손님들에게 다방종업원을 「출장」보내

『동아일보』, 1985. 1. 19.

는 방법으로 퇴폐영업을 일삼고 있다." "이 같은 다방의 변태영
업행위는 요즘 들어 강원도 동해, 속초, 태백 등 항구 및 탄광지
대를 비롯, 충남 공주, 부여 등 관광지, 충북 제천 등지에서 기승
을 부리고 있으나 관계 당국에서는 제대로 단속을 펴지 않고
있다."(「다방서 「윤락티켓」 판매」, 『동아일보』, 1985. 1. 19.)고
티켓 다방 운영 실태와 장소에 대해 구체적으로 언급하며 이를
단속하지 않는 정부를 비판하고 있다. 이후 "농어촌 지역으로
확산되는 티켓 다방의 심각성이 사회문제화가 되자 정부는
1991년 12월에야 티켓 다방 적발시 1차 2개월 영업정지, 3차
적발시 허가취소 등 행정처분을 내리는 강경조치로 전환했다."

『동아일보』, 1997. 9. 12.

(홍성철, 같은 책, 287~288면)
하지만 이러한 정부의 조치에
도 불구하고 티켓 다방 영업
은 근절되지 않았다. 1997년
김포에서는 다방 종업원들의
윤락행위를 방지하기 위해 차
배달지를 기록하고 행선지를
불시에 확인하는 식의 적극적
인 단속 활동을 전개하기도
했다.

3. 자본에 밀려나는 다방의 낭만

지방의 중소도시, 농어촌 지역에 티켓 다방이 등장하기 시작한 것은 대도시에서의 다방 영업이 어려워졌기 때문이다. 1976년 12월 "커피믹스"(동서식품) 발매 이후, 1980년 9월에는 고급 인스턴트 커피인 "맥심"(동서식품)이 등장했다. 인스턴트 커피가 발전하면서 사람들은 다방에 가지 않더라도 커피를 즐길 수 있게 되었고, 커피 자동판매기 수도 폭발적으로 증가하게 되었다. 1976년 자동판매기가 한국에 처음 등장한 이후, 1978년부터 자동판매기의 수익성에 관심을 가지게 된 대기업들이 자동판매기를 생산하기 시작, 매년 100% 이상 자동판매기 수가 급증했다. 1979년 자동판매기는 "4000여대가 설치되어 하루에 102만 잔을 판매하게 되는데, 이는 흔하디흔한 서울 시내 다방 수(3,640)개소를 넘어선 수효였다."(「커피·음료·담배·차표·빵… 자동판매기 시대가 열린다」, 『조선일보』, 1979. 11. 28.) "자판기는 무서운 속도로 늘어나 85년엔 15만대에 이르렀다. 커피 자판기는 88서울올림픽을 분기점으로 해서 폭발적으로 증가했다. 86년에서 90년까지 5년 동안 6만여 대의 커피자판기가 보급되었다. 나중에 커피 자판기는 전체 자

판기 보급 대수의 약 70% 정도를 차지하게 되었다."(강준만 ·
오두진, 『고종, 스타벅스에 가다』, 인물과사상사, 2005, 149면)
다방 앞에 설치된 커피 자판기 때문에 매출이 떨어지는 것을
경험한 다방업주가 커피자판기에 대한 손해배상청구소송을
내는 일도 일어났다.(「커피, 자판기 설치로 다방 손해 배상 청
구 패소」, 『조선일보』, 1983. 7. 17.)

　내수 소비 진작을 위해 각종 규제들이 완화되면서 다방의
수도 급격히 증가했다. 1978년 4월 커피수입자유화, 1980년대
초반 다방 설치 기준 완화와 건축업의 활황에 기대어 신축 건
물마다 다방이 입점했다. 그런데 동종업계인 레스토랑과 카페
의 수도 증가했다. 레스토랑과 카페는 대형화, 고급화하면서
젊은 사람들의 취향에 발 빠르게 대처해 인기를 얻었고 신촌,
방배동, 한남동에 카페 거리가 조성되기도 하였다. 1993년 8월
에는 식품위생법 시행령이 개정되어 모든 음식점에서 커피나
차를 팔 수 있게 되었고 이 때문에 다방의 경쟁자는 다방, 레
스토랑과 카페뿐만 아니라 제과점, 편의점 등으로 나날이 늘
어났다. 다방 경영에 위기가 닥쳤다. 이에 다방업중앙회는 회
원들에게 "커피 등 차를 즐기는 층의 70% 정도가 40대 이하인
점을 고려해 밝고 편안한 분위기를 만들고, 인건비 절약형으
로 전환하는 등의 영업 전략을 채택할 것을 제시했다." (「사양

길 걷는 재래 다방, "변
해야 산다"」, 『한겨레』,
1994. 4. 2.)

다방업계가 고전하고
있었던 시기, 경제 성장
에 성공한 한국 사회는
경제적 여유와 정치적
의도를 기반으로 유흥
과 향락에 관심을 가지
게 된다. 대도시뿐만 아
니라 지방 중소도시, 농
어촌 지역에도 유흥과
향락을 즐기고자 하는

『한겨레』. 1994. 4. 2.

수요층이 발생했다. 영업이 어려웠던 다방은 이익을 창출하기
위해 이들 수요층의 요구를 흡수했다. 특히 지방 중소도시와
농어촌 지역의 경우, 성관념이 보수적인 특성상 노골적으로
성매매를 표방하는 윤락업소가 들어서기는 어려웠는데, 다방
을 표방하는 티켓 다방이 그 대안이 되었다. 박정미(「쾌락과
공포의 시대: 1980년대 한국의 '유흥향락산업'과 인신매매」,
이화여자대학교 한국여성연구원, 『여성학논집』 제33집 2호,

2016, 31~62면)는 1960~1970년대에는 유흥향락산업의 수요층이 고위 관료나 일본인 관광객에 불과했던 것에 반해 1980년대에 이르면 중산층 남성에게까지 확대된다고 파악한다. 대도시 남성이 유흥과 향락을 위해 룸살롱에 드나들었다면, 그에 비해 소득 수준이 낮은 지방 중소도시, 농어촌 지역 남성은 좀 더 저렴하고 드나들기 손쉬운 티켓 다방을 전전했다.

티켓 다방과 같은 유흥향락산업은 1980년대 폭발적으로 성장한다. 이는 당시 경제 상황 및 이에 따른 정부의 경제 및 정치 정책의 향방과 밀접한 관련을 가진다. 1980년대 들어 국민소득이 그 전보다 2배 가까이 증가했다. 전두환 정부는 각종 소비 규제 완화를 통한 내수 확대 정책을 폈다. 대중들의 정치에 대한 비판적 관심을 차단하기 위해 펼쳤던 이른바, '3S 정책'과 관련하여 "제5공화국의 내수 확대 정책은 유흥향락산업에 대한 규제 완화를 대거 포함"(박정미, 같은 글, 46면)하고 있었다. 1980년 8월, 유흥업소와 접객업소의 할당제와 거리제한제 철폐, 1982년 야간통행금지 해제, 1983년 은행금리 인하와 아시안 게임과 올림픽대비를 명목으로 추진된 도시재개발 등이 "시설투자비용이 적고 단기에 고소득을 보장하는 유흥향락산업"(박정미, 같은 글, 45면)의 증가를 부추겼고, "여가와 쾌락, 소비에 대한 대중의 욕구"(박정미, 같은 글, 46면)가 이에 부응했다. 노동 시장의 성차별과 경제적 어려움으로 유흥향락 산업에 여성들의 진입이 이어졌으며 이중 일부는 사기와 기망, 폭력과 강제 등에 의해 충원되기도 하였다. "이러한 호황은 1989년 삼저(저금리, 저달러, 저유가)호황 국면이 마무리되자 그 증가세가 둔화되었다." (박정미, 같은 글, 56면)

1997년 2월, "커피전문점을 포함한 전국의 다방 숫자는 3만 3천여개. 95년 3만 6천여개에 비해 3,000여개가 줄었다. 구한 말 때 처음 등장한 다방은 해방 이후 매년 늘어나다 75년 허가 지역 제한 해제조치를 기점으로 급증했다. 이후 85년 4만 8천 여개를 고비로 줄기 시작해 90년 4만 7천여개, 92년 4만 5천여

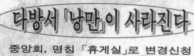

다방서 「낭만」이 사라진다

중앙회, 명칭 「휴게실」로 변경신청

한복으로 곱게 치장한 마담과 커피가 든 보온병을 들고 배달을 나가는 여종업원, 날 계란을 넣은 쌍화차와 유행가, 60, 70년대 서민들의 사랑방으로, 맞선과 각종 사교장소로 애용되던 다방이 급격히 줄고 있다.

이에 따라 다방업자들은 다방 명칭을 「휴게실」로 바꾸고 패스트푸드 등 가벼운 식사를 제공키로 하는 등 활로를 모색하고 있다. 18일 보건복지부에 따르면 다방업자 모임인 대한다방업중앙회(회장 皇甫尙圭)는 최근 단체 이름을 휴게실업중앙회로 바꾸는 내용의 정판 변경신고서를 복지부에 제출했다.

皇甫회장은 「중앙회와 전국지회의 간판 및 공문서 등의 표기를 변경하고 티켓다

방 등 불법·변태업소에 대한 자체 단속도 벌이겠다」고 밝혔다. 중앙회에 따르면 현재 커피전문점을 포함한 전국의 다방 숫자는 3만3천여개. 95년 3만6천여개에 비

카페등에 밀려 85년이후 감소
패스트푸드등 팔아 "활로모색"

해 3,000여개가 줄었다. 구한말 때 처음 등장한 다방은 해방 이후 매년 늘어나다 75년 허가지역 제한 해제조치를 기점으로 급증했다. 이후 85년 4만8천여개를 고비로 줄기 시작해 90년 4만7천여개, 92년 4만5천여개로 감소했다. 특히 40, 50대 중년의 향수가 깃들인 마담이 있는 전통다방은 94년 3만2천6백34개였으나 96년엔

2천3백4백18개로 최근 2년새 39%가 줄었다. 80년대 이후 경쟁 업종인 카페와 레스토랑이 급증한데다 커피자동판매기와 커피전문점인점 등이 속속 등장했기 때문이다.

설상가상으로 출장매춘 등을 일삼는 「티켓다방」등이 번성, 이미지마저 땅에 떨어져 퇴락을 부채질했다. 다방은 또 시대변천에 적응하기 위해 음악다방, 레이저 디스크 비디오 상영다방, 커피전문점 등으로 다양하게 겉모습을 바꾸기도 했다.
〈趙浩衍기자〉

『경향신문』. 1997. 2. 19.

개로 감소했다. 특히 40, 50대 중년의 향수가 깃들인 마담이 있는 전통다방은 94년 3만2천6백34개였으나 96년엔 2만3천4백18개로 최근 2년새 39%가 줄었다."(「다방서 「낭만」이 사라진다」, 『경향신문』, 1997. 2. 19.) 다방의 수가 줄어드는 것과 함께 티켓 다방의 증가세는 둔화되었지만, 결국 1997년 2월 19일, 정부 문서에서 다방의 명칭이 '휴게실'로 변경되면서 다방이라는 공식적인 명칭은 "낭만"과 함께 사라지게 된다.

4. 삶의 변경, 다방에 갇힌 여성들

"그 아이는 중학교 때 의붓 아버지에게 성폭력을 당하고 아버지가 두려워 무작정 집을 나와 다방에서 일을 하기 시작했다. 처음 일을 하기 위해(옷과 화장품을 사기 위한) 업주에게 35만원 빚을 진 그 아이는, 일을 시작한 지 한 달도 채 되지 않는 어느 날 업주에 의해 다른 업소에 1백만원이라는 빚을 안고 인신매매 당했고, 그 후 1년 동안 20여 업소에 팔려 다녔다. 내가 그 아이를 만난 건 아이가 평택에서 2천만 가까운 빚에 매매춘을 강요당하고 있을 때였다. 갑작스러운 변화와 업주들에 의한 매매로 인한 충격은 한동안 그 아이를 고통 속에 살 수밖에 없도록 만든 현실이었다." (변리나, 「내가 만난 매매춘 여성들」, 『월간 말』, 1997. 2, 167면) 1990년대 매매춘 지역 여성활동가 변리나는 활동 중 만나게 된 티켓 다방 종사자의 현실에 대해 이와 같이 기록하고 있다. 변리나는 여성들이 티켓 다방과 같은 유흥향락산업에 종사하게 되는 이유에 대해 우리 사회에 만연해 있는 여성 억압의 문제를 든다.

변리나는 "매매춘 문제를 통해 우리 사회의 여성 억압을 바라"볼 수 있으며, 우리 사회가 매매춘 여성을 '몸을 파는 정숙치 못한 여자'라는 도덕적 잣대만 가지고 획일화해서 바라보고 있어 매매춘 문제에 대한 올바른 접근이 어렵다고 지적한다. "매매춘 여성들과 이야기를 하다 보면 대부분 비슷한 과거의 경험을 가지고 있다. 근친강간 내지 성폭력의 경험을 갖고 있으며 엄마를 구타하는 아버지를 보며 성장한 여성들이 대부분이었다. 그러나 그러한 과거도 현사회의 기혼 여성 중 60% 이상이 남편에 의하여 구타를 당하고 1년에 성폭력 피해여성이 28만명 이상인 현실을 볼 때, 특별히 매매춘 여성만의 과거라고 할 수 없다."(변리나, 같은 글, 166면)

김지미가 당시 현실을 바탕으로 제작했다는 영화 <티켓>의 등장인물들의 경우, 티켓 다방에서 일을 하게 된 이유는 경제적 문제 때문이다. 티켓 다방인 조향 다방의 마담은 시인이었던 남편의 옥바라지를 하다 경제적인 어려움을 해결하지 못해 티켓 다방에서 일을 하기 시작하여 마담으로 성공한 인물이다. 미스 홍은 고향에 있는 가족들의 생계를 책임지는 가장이며, 미스 주는 남편과 이혼 후 아이와 아이를 맡긴 친정을 부양하고 있다. 세영은 고향의 가족뿐만 아니라 대학생인 애인도 뒷바라지하고 있다. 이들의 가족은 가난에 시달리고 있으며 가족 중 그 누구도 이들의 짐을 덜어줄 수 있는 사람이 없다. 그래서 이들은 가족들에게 티켓 다방에서 일한다는 사실을 숨기고 다방을 드나드는 남성들에게 폭력이나 사기를 당하면서도 일을 그만두지 못한다. 이들의 꿈은 티켓 다방에서 벗어나는 것이다. 미스 양은 배우가 되길 꿈꾸고 미스 주는 복권을 산다. 세영은 대학생 애인과 결혼하여 행복한 가정을 꾸리길 바란다.

한국 사회는 이 여성들이 생계유지를 위해 성산업을 선택한 것에 대해 비도덕적인 선택이라고 비난하지만, 이들의 선택에 대한 한국 사회의 책임이 없다고 보기는 어렵다. 당시 노동시장의 성차별은 경제적 어려움을 시급히 해결해야 하는 처지에 놓인 여성들을 유흥향락산업에 진입하게 만드는 계기가 되고 있었다. "1985년의 월평균 노동시간과 임금을 살펴보면, 남성 노동자는 223.5시간에 39만 7천원, 여성 노동자는 229.3시간에

18만 9천원이었다. 한 마디로 여성은 남성보다 더 많이 일하고 절반도 안 되는 임금을 받았던 것이다. 반면 성산업의 임금은 여성 노동자 평균을 크게 상회하여 '윤락여성'은 약 30만원, 유흥음식점과 주점의 '호스티스'는 약 34만원이었다."(박정미, 같은 글, 47~48면)

"남성 대중을 위한 '쾌락의 시대'"(박정미, 같은 글, 44면)에서 경영이 어려워진 다방이 낭만을 대신해서 선택한 것이 바로 "티켓", 돈으로 살 수 있는 여성이었다. '쾌락의 시대'를 가능하게 한 한 축이었던 이 여성들은 그럼에도 불구하고 비도덕적이고 무지한, 그래서 선도와 계몽의 대상으로 폄하하여 취급되었다. 그러나 "1980년대 '접대부'와 '호스티스'의 다수가 고졸이고, 중간계급 출신이었다."(박정미, 같은 글, 47면) 사회의 편견과는 다르게 이들은 무지해서가 아니라 가난해서 어쩔 수 없이 이 직업을 택할 수밖에 없었다. 박정미와 변리나의 의견을 종합하면, 유흥향락산업에 여성이 종사하게 되는 것은 경제적 문제, 여성에 대한 불평등한 대우와 사회적 억압 때문인 것이다.

5. 실패한 '타락'의 길

영화 <티켓> 속 김동민 시인은 필화사건에 휘말려 투옥된다. 아내는 혼자 시댁을 부양하고 남편을 옥바라지하다 사라진다. 석방 후, 아내의 행방을 찾던 그는 우연한 기회에 부유한 여자를 만나 결혼, 시를 버리고 사업에 뛰어들어 성공한다. 새로운 가족을 꾸린 그 앞에 다시 나타난 전 아내는 티켓 다방의 마담이 되어 있다. 경제적 이유로 티켓 다방에 나갈 수밖에 없었지만 타락해버렸다는 생각에 남편 앞에 다시 나타날 수 없었던 조향 다방의 마담 지숙. 지숙은 티켓 다방 마담이 된 자신을 외면하려는 동민의 태도에 충격을 받게 된다. 그런데 마침 그와 같은 처지의 다방 레지, 미스 윤을 불결하다고 비난하는 미스 윤의 애인인 민수를 만나게 되고 지숙은 그를 물에 빠뜨리는 것으로 동민에 대한 복수를 대신한다.

영화 <티켓>은 티켓 다방의 실태를 고발하는 것뿐만 아니라 여성 착취에 대한 비판을 전면화하고 있다는 점에서 당시 유행했던 호스티스 영화와는 구별되는 지점을 차지한다. 1인당 국민소득이 배로 증가했던 1980년대의 한국 사회는 이전 시기의 가난에서 극복한 것처럼 보인다. 하지만 그 국민소득을 뒷받침하고 있었던 것은 여전히 가난하여 티켓 다방을 벗어날 수 없었던 여성들이었다. 이들을 사회적 통념에 따라 비난하거나 희화화하거나 혹은 성적 대상화하지 않고 이들의 고통을 구체화하고 이들을 바라보는 부조리한 시선을 비판하고 있는 것이 영화 <티켓>이었기에, 당시 세간의 이목을 끌 수 있었고 지금까지도 거론되는 영화로 남게 된 것이다.

성공적인 자본주의 경제 발전이 이룩되고 있었던 1980년대. 영화 속 김동민 시인이 시를 버리고 사업에 뛰어들었던 것처럼, 많은 사람들이 자본주의의 논리에 따라 과거의 가치들을 폐기하고 '사장님'의 대열에 동참했다. 다방의 업주도 지식인과 예술인에서 상인으로 바뀌었다. 문화의 공간이었던 다방은 상업적인 공간으로 변모했다. 하지만 공간의 가치를 추구하거나 소자본으로 운영을 도모했던 다방의 특성상 자본의 경쟁에서 뒤처질 수밖에 없었다. 이에 다방은 고도성장의 수혜를 받은, 유흥과 향락의 수요층으로 등장한 남성과 고도성장의 그늘에서 경제적 위기에 몰린 여성을 활용하여 '타락'의 방법으로 재기를 모색했다. 그러나 퇴폐의 이미지는 오히려 다방의 몰락을 재촉하는 결과를 낳았다. 이제 다방은 오직 티켓 다방으로 그 명맥을 유지하고 있다.

〈선데이서울〉, 욕망의 만화경에 비친 통속의 시대

차선일

〈선데이서울〉을 아시나요?

흔히 90년대를 탈이념의 시대라고 말한다. 이데올로기에 의해 좌우로 양분되던 냉전질서가 비로소 끝났다는 의미다. 냉전의 종식 이후 정치가 차지했던 시대정신의 권좌는 문화자본에 이양되었다. 소비, 욕망, 개인, 여성 등 90년대를 규정하는 키워드들은 하나같이 정치 이념과는 거리를 둔 문화의 언어들이었다. 대의와 공동체를 위해 싸우던 정치적 인간들은 어느 순간 개인의 사적 욕망을 옹호하는 문화적 인간으로 변모했다.

80년대와 90년대를 가르는 분기점, 정치의 시대에서 문화의 시대로 이행하는 변곡점은 언제일까? 세계사의 지평에서 그 문턱은 1989년에 발생한 베를린 장벽의 붕괴다. 강철과도 같았던 이념의 붕괴를 상징하는 이 극적인 사건 이후 냉전질서의 해체는 본격화되고, 한국사회 역시 이러한 세계사적 흐름으로부터 자유롭지 못했다. 베를린 붕괴 사건이 한국사회에 끼친 충격과 파장은 심대했지만, 한국의 맥락에서 정치의 시대에 종언을 알리는 분기점은 군부정치의 폐막을 상징하는 1993년 문민정부의 수립이다. 요컨대 1989년과 1993년 사이, 바야흐로 한국사회는 낡은 과거와 작별하고 새로운 시대를 맞이하는 중이었다.

지금에 와서 보면 1990년대 초반은 정치의 시대도 문화의 시대도 아닌 그저 혼란스러운 이행기처럼 보이기도 한다. 그래서일까? 이 시기의 면면들을 자세히 들여다보면 다소 놀라운 사실들이 발견된다. 예컨대 1991년의 마지막 일요일 12월 29일의 기사에는 주간 대중오락연예 전문잡지 <선데이서울>의 폐간을 알리는 기사가 보인다. 그랬다, 80년대엔 <선데이서울>이 있었다. 악명 높은 황색 저널리즘의 대명사, 삼류 대중 통속잡지이자 본격 성인오락잡지, 터미널문화의 총아이자 국민 최대 애독서, 이 화려한 수식어들이 가리키는 잡지가 바로 <선데이서울>이다. 70년대와 80년대를 지나온 청춘들(특히 남성들)이라면, 열뜬 호기심에 이끌려 비키니를 입은 여성이 표지를 장식하고 있는 <선데이서울>을 한번쯤은 펼쳐보았을 것이다. <선데이서울>은 온갖 자극적인 문구와 선정적인 이미지를 내걸고 통속적이고 저급한 정보들을 담고 있었지만, 가난하고 고된 시대를 살았던 청춘들에게는 저렴한 위무이자 억눌린 욕망의 해방구였다.

<선데이서울>이 폐간된 그 해, 한국사회는 여전히 정치 투쟁과 이념 논쟁의 소용돌이에 휘말리고 있었다. 이른바 김지하가 '죽음의 굿판'이라고 비난했던, 시위대학생 11명이 연이어 분신자살하는 '분신정국'이 1991년의 일이었다. 또한 1991년은 MBC드라마 <여명의 눈동자>(연출 김종학)와 <사랑이 뭐길래>(연출 박철)가 시청률 50%를 거뜬히 넘어서는 대히트를 기록하며 텔레비전의 전성시대를 열었다. 홍콩누아르 대신 할리우드 영화가 극장가를 점령하고, 비디오대여점이 선풍적인 인기를 끌며 성행했다. 말하자면 당시 한국사회는 TV가 주도하는 대중문화의 시대로 접어들고 있었던 것이다.

정치와 시대와 문화의 시대가 교차하는 시점에 <선데이서울>은 조용히 사라졌다. 그 무슨 거대한 시대정신은 아니었지만, <선데이서울>은 분명 한 시대를 대변하는 문화적 아이콘

이었다. <선데이서울>의 폐간은 한 시대가 저물었음을 알리는 상징적 사건이다. 물론 그것은 베를린 장벽의 붕괴나 문민정부의 수립과 같은 거대한 이야기는 아니다. 그렇지만 <선데이서울>은 우리가 익히 알고 있는 정치의 시대와는 다른 80년대의 이야기를 떠올리게 한다. 또한 80년대와 대척점을 이루는 90년대의 문화가 과연 그렇게 새로운 것인지도 의구심을 낳게 한다. 저 과격하고 숭고했던 정치의 시대에 <선데이서울>은 은밀한 욕망의 이야기로 기억되고, 고상하고 세련된 문화의 시대에 대중잡지 <선데이서울>은 돌연 자취를 감추었다. 이 글은 <선데이서울>이 기억하는 어느 낯선 나라의 이야기다.

'선데이서울 공화국'의 탄생

1968년에 창간된 <선데이서울>은 1970년대 주간지의 전성시대를 여는 기폭제였다. 1964년에 발행된 <주간한국>을 제외하더라도, 68년에만 <주간중앙>, <주간조선>, <주간경향> 등이 잇달아 발행되었고, 다음해 1월 1일에는 <주간여성>도 창간되었다. <선데이서울>은 이러한 주간지들의 경쟁에서 시작부터 우위를 점했다. 창간호 6만부가 2시간 만에 매진되었고, <선데이서울>을 발행하는 서울신문사가 위치한 "태평로 앞마당은 가판 소년들로 꽉 메워지고 현관문 유리가 깨어져 나가는"(서울신문사, 『서울신문 100년사』, 서울신문사, 2004, 410면) 전설 같은 해프닝도 벌어졌다. 이후 <선데이서울>은 매호 발행부수가 20만부를 상회할 정도도 대중적 인기와 상업적 성공을 거두며 1970년대 주간지의 대명사로 군림했다.

<선데이서울>이 이처럼 독보적인 인기를 누릴 수 있었던 요인은 무엇이었을까? 아마도 <선데이서울>하면 가장 먼저 떠오르는 이미지는 "여성의 세미누드 화보"일 것이다. 미모의 여성이 웃고 있는 표지, 수영복을 입고 관능적인 포즈를 취하는 여성의 선정적인 화보는 '성인잡지'로서의 <선데이서울>의 이미지를 형성시킨 원천이다. 지금까지도 <선데이서울>은 대개 은밀한 성적 쾌락을 제공했던 '야한 잡지'로 추억된다.

그러나 <선데이서울>의 화보가 당시 센세이셔널한 화제를 낳긴 했지만, 노골적인 선정성의 표방이 <선데이서울>만 전략도 아니었고 선정성의 수위도 다른 주간지를 압도하지는 않았다. 더구나 여성의 누드화보는 이미 선례가 있었다. 1950년

대 성인오락지 <명랑>은 '세계주목 누드사진전예술'이나 '이색특집 SEXPO70-발가벗고 가는 사람들' 등 자극적인 기사를 실은 특집을 기획하며 선정적인 사진들을 자주 수록했다.

과도한 선정성은 당시 주간지들의 공통된 상업적 전략이었다. 그리고 이러한 주간지의 통속화와 상업화 경향은 정부의 암묵적 허용에 의해 유도된 현상이었다. 1965년 발족한 잡지 윤리위원회는 미풍양속을 해치거나 반공적인 내용을 다루는 잡지들을 단속했는데, 실제로 <명랑>과 <아리랑>은 1969년 외설 혐의로 검찰에 기소된다.(「음란혐의 「아리랑」 편집장全씨 등 또 2명구속기소」, 『경향신문』 1969년 7월 15일자) 그런데 센세이셔널한 여성화보로 초판 6만부를 매진시키며 화제를 낳은 <선데이서울>이 창간된 것이 바로 한 해 전이다. 이상하게도 <명랑>은 단속되었지만 <선데이서울>은 허용되었다. 1955년 같은 해 창간된 <명랑>과 <아리랑>은 각각 신태양사와 삼중당 두 출판사가 발행한 월간지였다. 반면 <선데이서울>과 <주간경향> 등 1968년 이후 등장한 주간지들은 모두 신문사가 발행한 잡지들이다. 1963년 이후 박정희 정권은 비판성이 강한 신문에 대한 언론탄압을 강화하는 한편, 상업적인 잡지의 창간을 허용하여 '언론의 기업화'를 촉진시켰다. 이에 따라 1968년 7월 주간지 발행을 제한하던 신문사들 간 합

의가 해소되면서 주간지가 앞다투어 창간되고 70년대 전성기를 맞은 주간지 시장이 형성되었던 것이다. <명랑>과 <아리랑>을 발간한 두 출판사는 언론 길들이기에서 제외되었고, 그 결과 지탄과 규제의 본보기가 된 셈이었다.

<선데이서울>이 창간된 1968년은 국민교육헌장이 제정된 해다. 또한 주민등록법이 개정되고 향토예비군이 창설되었다. 민족중흥의 역사적 사명을 띤 국민을 양성하기 위한 규율이 강화되어 가는 시점에 아이러니하게도 방탕하고 저급한 내용을 담은 통속주간지들이 등장한 것이다. 박정희 정권과 전두환 정권에 이르는 20여 년 동안 지속된 '주간지 붐'은 여론을 통제하고 대중의 비판성을 둔화시키려는 이른바 우민 정책에 의해 유도된 현상이었던 셈이다.

<선데이서울>은 창간사에서 대중들에게 휴식과 즐거움을 선사하는 오락잡지를 추구할 것이라고 선언한다. "사치와 허영과 모방은 무성해도 진짜 멋은 시들고 있다고 진단하고 황량한 사회에 윤기를 돌리자면 잃었던 멋을 되찾고 새로운 멋을 발굴해야 한다"(「잠시 긴장을 풀어보자」, 『선데이서울』 창간호) "진짜 멋"이라고 했지만, 그 정체는 알다시피 자극적인 누드화보와 저급한 가십거리 따위에 불과하다. 그러나 "진짜 멋", 즉 저급한 쾌락을 즐기라는 주체로 호명된 대중들은 적극

적으로 호응했다. <선데이서울>은 그 대중적 인기를 독차지
하다시피 했다.[1] 여기서 간과하기 쉬운 사실은 주간지의 인기
요인이 아니라 어떻게 주간지를 읽는 그 수많은 대중독자들이
갑자기 나타났는가하는 점이다. 주간지는 우민화 정책에 의해
만들어진 매체라는 혐의를 벗기 어렵지만, 그것을 수행하기
위해 대중을 불러모아야 했다. 아마도 6만부의 초판을 매진시
킨, <선데이서울>을 읽는 거대한 무리가 그토록 즉각적으로
형성될 것이라고는 누구도 예상하지 못했을 것이다. 그리고
어리석길 바란 그 대중들이 불균질하고 불온한 무리라는 것도
생각지 못했을 것이다. 아무튼 <선데이서울>과 함께 한국사
회에는 대중이라는 이상한 무리들이 비로소 등장했다.

---

[1] <선데이서울>이 유독 주간지의 총아로 자리잡은 이유는 아리송하다. 70~
80년대를 통틀어 가장 많이 팔린 주간지는 <주간한국>이었고, <선데이서
울>과 <주간경향>은 표지만 떼어낸다면 내용은 그게 그거였다. 타블로이
드판이 아닌 사륙배판의 형태, 여타 잡지와 구별되는 다양한 콘텐츠 구성과
깔끔한 편집 체제 등의 요소가 <선데이서울>만의 장점일 수 있지만, 이것
만으론 <선데이서울>의 유별난 인기를 모두 설명하긴 어렵다.

선데이서울의 성(性)스러운 여성들

사춘기 남학생들의 은밀한 성 지침서, 병영 내부만 군인들의 필독서, 공공장소에서 펼쳐볼 수 있는 옐로우페이퍼. <선데이서울>의 또 다른 별칭들이다. 어느 문화키드의 말대로 <선데이서울>은 "당시 성에 대한 텍스트 가운데 단연 압권이자 성에 관한 이미지, 지식, 상상력의 보고"였다.(이성욱, 『김추자, 선데이서울 게다가 긴급조치』, 생각의나무, 2014, 86면) 서울신문은 자사가 발행한 주간지를 "'보다 맑고, 보다 즐겁고, 보다 대견하고, 보다 흐뭇한' 생활인의 휴게실이자 길잡이 역할을 자임"한 "4000만의 교양지"라고 자평하지만, <선데이서울>을 교양지라고 여기는 이는 그때도 지금도 없을 것이다. 성 관련 기사가 전체 기사의 절반을 웃도는 잡지를 교양지라고 일컫는 것은 어불성설이다. "회사원, 중견 직장인, 사회 지도층, 가정주부, 근로자 등" 사회 전계층이 읽었다고도 말하지만, <선데이서울>의 주된 독자는 말할 것도 없이 남성들이었다.

<선데이서울>은 산업화의 역군으로 호명되었던 남성들의 지친 심신을 달래기 위한 값싼 볼거리였고, 그 대중적 소비의 대상은 바로 여성이었다. 남성들이 즐겨보는 도색잡지 속 여성은 철저하게 타자화된 성적 대상으로 나타난다. 여성을 성

적 도구화로 삼는 <선데이서울>의 방식은 무엇보다 컬러 세미누드 화보에 집약되어 있지만, 보다 흥미로운 것은 볼거리가 아닌 읽을거리에 있다.

<선데이서울>에는 성과 관련된 온갖 유형의 텍스트가 망라되어 있다. 가장 흔한 것은 기사들인데, 제목만 봐도 그 내용이 각양각색이다. 30대 여비서의 애정행각을 다룬 취재기사(「여비서가 쓴 프리섹스 시나리오」), 직장에서 상사와 은밀한 혼외정사를 다룬 이야기(「직장여성 OL 전선에 이상 있다」), 여성의 나체 사진에다 민감한 성감대를 표시하는 성과학(?) 이론(「여성의 성감대: 해부학적 성감대론), 남녀 고교생을 대상으로 한 성경험 설문조사(「생각보다 더 많은 하이틴 성 경험자들」), 외국 이론가(?)가 밝힌 여자를 유혹하는 비법을 알려주는 기사(「에릭 웨버의 걸헌팅 속공법」), 남자의 섹스 테크닉 개발(「얼굴만 봐도 아는 침실의 감도」) 등등.

이러한 성 담론 기사들 가운데 가장 자극적이고 선정적인 종류는 여성의 성적 일탈을 다룬 것들이다. 특히 실화임을 강조하며 성적 일탈을 취재한 기사라든가 성적 탈선을 저지른 여성들이 보내온 고민상담류의 글들이 그렇다. 이러한 텍스트들에서 여성은 부도덕한 사회악으로 그려지지만, 어떤 면에선 일견 성적 욕망을 소유한 적극적인 여성으로 보이기도 한다.

그러나 여성을 강렬한 성적 존재로 표상하는 것 자체가 남성의 성적 판타지이며, 그것은 오직 남성의 성적 대리만족을 충족시키기 위한 왜곡된 여성상일 뿐이다.

한편 성적 호기심에 저지른 성적 일탈이 아니라 여성들을 대상으로 가해진 남성들의 성적 폭력을 노골적으로 다룬 텍스트들은 여성의 몸을 성적 도구화로 삼는 가학증적 시선을 여과 없이 드러낸다. 예컨대 시골에서 창경한 가출소녀를 인신매매단이 납치하여 여관에서 겁탈하는 범죄를 다루는 기사(「처녀 꾀어 덮치고 매춘시킨 동업부자」) 들은 그 범죄를 과도할 정도로 소상하게 기록하며 성적 폭력을 '전시'하는 듯한 인상을 준다. 일반적인 기사라면 범죄 사실을 보도하고, 그러한 범죄가 만연하게 된 원인과 배경을 지적하며 그 사회적 심각성을 환기하는 방식으로 서술했을 것이다. 그러나 <선데이 서울>의 성범죄 보도 기사는 성폭력에 희생된 여성들의 처지나 그녀들의 목소리를 언급하지도 않을뿐더러 성범죄가 발생한 환경적 요인을 분석하거나 범죄를 저지른 가해자들에 대한 비판 없이, 여성을 상대로 이루어진 성적 폭력의 과정을 전경화하는 데에만 몰두한다. 결국 이러한 서술 방식에서 여성은 남성의 가학증적 성적 쾌감의 도구로써 재현될 뿐이며, 여성에 대한 왜곡된 시각을 재생산하는 데 기여할 뿐이다.

<선데이서울>에 등장하는 여성이 모두 부도덕하거나 성적 대리만족의 대상인 것만은 아니다. <선데이서울>은 드물지 않은 빈도로 현모양처의 이상적인 여성상을 권장한다. 예컨대 '딸자랑'과 같은 코너에는 부모가 자신의 딸을 자랑하는 기고문이 실리는데, 지금의 결혼정보회사처럼 결혼적령기에 접어든 여성을 공개적으로 소개하여 맞선을 제안하는 지면이다. 여기에 소개되는 여성은 대부분 조신하고 상냥한 성품에다 고등교육을 받은 미모의 재원들이다. 그렇지만 이러한 여성들이 반드시 밝혀야 하는 가장 중요한 덕목은 '순결'이다. <선데이서울>의 공개적인 중매에 나선 여성들은 하나같이 사람들과 자주 만나는 일이 없고, 특히 남성과 데이트할 기회가 없는, 소위 '남자 경험이 없는' 순수한 신부감이다. 이렇듯 현모양처가 되길 원하는 순결한 여성을 하나의 모범으로 제시하는 것은 일견 부도덕한 여성상을 지양하는 도색잡지의 '일탈'(?)로 보이지만, 실상 여성을 순결을 잣대로 구분하는 방식이야말로 전형적인 남성중심주의적 가부장제의 이데올로기다.

 <선데이서울>은 숱한 여성들이 등장하지만 여성의 목소리는 철저히 배제되어 있다. <주간여성>을 비롯한 다른 주간지들 역시 사정은 다르지 않다. '선데이서울 공화국'에는 오직 건전한 가정의 수호자로서의 잠재적 능력을 지닌 현모양처의

순결한 여성이거나, 현모양처가 될 수 있는 기회와 자격을 박탈당하고 남성의 성적 욕망을 충족시켜주는 도구로 전락한 여성만이 존재한다. 실제 1970~80년대 한국의 산업화를 이끌었던 수많은 여성노동자들의 존재는 찾아볼 수 없다. <선데이서울> 창간호의 표지모델은 이영임이라는 은행원이다. 남성들의 무기명 비밀투표로 선발된 모델이었다. <선데이서울>의 표지는 늘 상냥한 미소를 짓는 여성들이 장식했지만, 잡지 속 어디에도 '진짜' 여성을 없었다.

'대중'을 사로잡은 도시생활의 가이드

자극적인 야한 기사와 세미누드 화보는 <선데이서울>이 대중적 인기를 끌었던 비결이었다. 성 담론이 대중성을 확보한 요인이라면 그 대중적 독자들은 결국 대부분 남성들이었다고 할 수 있다. 노동자부터 사무원, 군인, 학생 들에 이르기까지 <선데이서울>은 거의 모든 계층의 남성들을 애독자로 만들었다.

그러나 <선데이서울>이 오로지 남성의 성적 향락을 대리충족시켜주기 때문에 매호 평균 20만 명 이상의 독자층을 확보할 수 있었던 것은 아니다. 성적 만족이 이유였다면 다른 도색잡지나 주간지 또한 그만큼의 대중적 인기를 누렸을 것이다.

　이 시기 <선데이서울>과 같은 주간지들이 큰 인기를 누린 배경에는 산업화와 도시화에 따른 생활환경의 변화가 놓여 있다. 예컨대 고속도로 개통과 인구이동의 급증은 이동하면서 읽을 수 있는 가벼운 읽을거리에 대한 수요를 낳았는데, 그 수요를 충족시킨 가장 적절한 형태가 바로 주간지였다. 또한 70년대 이미 전인구의 50%가 도시에 몰려 사는 도시형 국가로 탈바꿈하면서 도시형 생활 패턴에 맞는 여가 문화가 형성되었는데, 퇴근 후 스트레스와 피로를 풀 수 있는 취미활동이나 휴식문화로 대중독서 시장이 늘어났다. 특히 특별한 여가활동을 즐기지 못하는 중하위계층의 남성들은 아주 싼값에 여가를 보낼 볼거리로 <선데이서울> 등의 주간지를 펼쳐보았다.

　가벼운 읽을거리에 대한 수요는 독자층의 형성과 관련이 있다. 1970년대부터 "서점가에서는 대중보급을 위한 문고판 책들이 범람하였고, 서점들은 '읽을거리'를 찾는 많은 독자들로 붐"(강현두,「현대 한국사회와 대중문화」,『한국사회와 대중문화』, 나남, 2000, 22면)비기 시작했다. 이러한 출판시장의 활성화는 1950년대 초등학교 의무교육을 시작으로 문맹률이 대폭 감소하고 독서물의 독자가 급격히 증가하는 교양층의 형성이 바탕이 되었다. 요컨대 여가시간에 볼 가벼운 읽을거리로 <선데이서울>을 찾는 대중들은 의무교육을 받은 도시이주민 남성이 주류였다고 할 수 있다.

<선데이서울>은 도색잡지였지만, 이러한 대중독자층을 겨냥한 다양한 콘텐츠를 개발하며 풍성한 읽을거리를 제공했다는 점에서 다른 주간지들과는 차별화됐다. 아마도 지금의 독자들이 <선데이서울>을 펼쳐본다면, 의외로 고급스런(?) 텍스트를 발견하고 놀라지도 모른다. 예컨대 김승옥의 『60년대식』이 바로 <선데이서울>에 연재되었다. 삼류 통속작가의 소설이 아니라 본격문단, 그것도 일급 작가의 작품이 도색잡지에 실렸다는 사실은 신선한 충격이다. 김승옥 외에도 송영, 홍성원, 최인호, 박태순, 오정희 등의 작품들도 실으며 <선데이서울>은 두드러진 문학적 지향성을 드러냈다. 물론 이런 뛰어난 작품들이 줄곧 게재된 것은 아니지만, 창작소설 또는 번역물에 대한 관심을 놓지 않고 지속적으로 지면을 할애했다는 점에서 여타 주간지들과 <선데이서울>은 달랐다.

그런데 김승옥 등의 본격문학 작품이 실렸다는 사실보다 더욱 흥미로운 것은 소위 '선데이서울만의 소설'이다. <선데이서울>의 애독자라면 '유호시리즈'를 기억할 것이다. '유호시리즈'는 창간호부터 1989년까지 연재된 <선데이서울>을 대

표하는 코너다. '유호시리즈'의 이야기들은 전통적인 소설양식과는 판이하게 달랐다. 이를테면 '유호시리즈'의 작품들은 연재물이면서 각각의 에피소들 간 서사적 연결성이 결핍된 채 파편화되거나 아무런 이유 없이 이야기가 끝나는 등 인과적 완결성에 대한 자의식이 없다. 또한 인물들은 제멋대로 등장했다가 까닭 없이 종적을 감추기 일쑤다. 대부분의 이야기들은 성애를 묘사하는 데 집중할 뿐, 전체 이야기의 얼개는 엉성하기 짝이 없는 수준이다. 그렇지만 '유호시리즈'는 가장 오래 연재될 만큼 <선데이서울>의 독자들로부터 지속적인 사랑을 받은 코너였다. '유호시리즈'는 읽을거리로서의 <선데이서울>에 대한 대중의 수요와 기대의 내용을 잘 보여주는바, 자투리 휴식시간이나 대중교통을 이용하는 이동시간에 읽어치울 수 있는 짧은 분량, 텍스트를 음미할 필요가 없는 단편적이고 파편적인 내용, 흥미 위주의 소재 등이 '선데이서울식 소설' 장르의 특징이라고 할 수 있다.

소설만이 아니라 각양각색의 르포, 수기, 상담 등도 <선데이서울>에 자주 등장하는 유형이다. 특히 '인생극장: 법률상담', '선데이상담실', '인생역마차' 등의 상담수기들은 실제 사건을 상담 이야기로 꾸며 독자의 흥미를 자극했다. 그 소재는 신혼문제에서부터 육아상담, 대학진학문제, 남녀교제 상담, 고

부갈등 등 다양했다. 상담수기의 특징은 투고된 독자들의 고민에 대한 전문가의 조언에 부기되어 있다는 점이다. 고민상담의 내용은 그 진위가 의심스러울 정도로 선정적이고 파격적인 내용들이 많았지만, 전문가의 충고와 조언은 상식적이고 보수적일 정도로 교훈적인 수준에 그쳤다. 상담수기는 그 수기의 형식을 통해 실화라는 사실을 강조하는 효과를 창출함으로써 독자의 흥미를 유도하려는 초점이 맞춰져 있을 뿐, 실제 상담의 진실성을 중요하지 않았던 것이다.

이외에도 <선데이서울>은 도시생활에 필요한 각종 실용정보와 유용한 지식을 제공하기도 했다. 유행하는 패션과 패션 연출법을 알려주는 '멋과 지혜', 초보엄마들을 위한 육아정보를 담고 있는 '마마코너', 각종 생활정보를 두루두루 망라하는 '파트너 코너' 등이 그러한 예다. '산 따라 물 따라', '맛 찾는 나그네', '낚시터 정보' 등은 휴가철에 떠날 수 있는 명승지를 소개하고 휴가지의 주변 시설과 숙박시설에 대한 정보, 휴가 예산계획 팁까지 설명한다.

<선데이서울>은 산업화된 도시에서 살아가는 고단한 현대인들을 위한 일상의 청량제이자 도시생활의 가이드였다. 하루 일과를 마치고 녹초가 된 몸을 이끌고 귀가한 노동자와 직장인, 마찬가지로 힘든 하루를 보낸 군인과 주부와 학생 들이 잠

시나마 스트레스를 풀고 삶의 중압감을 잊을 수 있었던 매개체가 <선데이서울>이었다. 급속한 도시화가 진행되면서 도시로 유입된 많은 사람들을 흔히 대중이라고 일컫게 된다. 본래의 지역공동체에서 벗어나 돈을 벌기 위해 타지로 몰려든 사람들이 윤택한 삶을 누릴 별다른 방도는 없었다. 그런 사람들에게 매스미디어의 등장은 단비와 같은 해갈이었다. 사람들은 TV를 보고 주간지를 읽으며 위로를 얻고 웃음을 찾았다. 대중은 이렇게 매스미디어의 환경에서 삶의 희로애락을 간접 체험하는 사람들을 가리킨다. 우리 시대의 대중은 1970년대에 탄생했고, <선데이서울>은 그러한 대중의 형성에 적지 않은 영향을 끼쳤다. <선데이서울>을 읽으면서 대중은 비로소 자신의 존재를 드러내기 시작했다. <선데이서울>은 대중의 시선을 사로잡을 과감한 볼거리를 제공했고, 다양한 대중의 구미를 만족시키는 온갖 읽을거리를 개발했다. 대중의 취향을 섬세하고 구별하고 그에 맞는 즐거움을 선사했다는 점이 <선데이서울>과 다른 주간지의 차이였다. 대중으로부터 가장 사랑받은 주간지였던 <선데이서울>은 또한 가장 대중을 사랑한 주간지이기도 했다.

다시 성(性)스러운 일요일을 기다리며

　그 많던 주간지들은 대체 어디로 사라져버린 것일까? 1980
년대 중반을 넘어서면서 한 시대를 풍미했던 주간지들은 하나
둘씩 폐간되며 자취를 감춘다. <주간조선>처럼 지금까지도
명맥을 유지하는 주간지가 존재하지만, 그것은 예외일 뿐 주
간지의 전성시대는 흘러간 과거가 되었다. 1991년 <선데이서
울>의 폐간은 그 주간지 시대의 종언을 고하는 상징적인 마침
표였다.

　주간지의 시대가 저문 이유를 찾는 것은 의외로 간단한 듯
하다. 칼라TV와 비디오의 보급, 에로영화의 붐이 그 첫 번째
이유다. <선데이서울>이 자랑하던 볼거리, 즉 칼라 세미누드
여성화보는 새로운 시각미디어가 제공하는 보다 자극적인 섹
스영상에 밀려났다. 그렇지만 <선데이서울>이 도색잡지에
불과한가? 아니다. <선데이서울>은 야한 볼거리 외에도 다양
한 읽을거리를 제공하며 당대 대중독자를 사로잡았던 잡지였
다. 그러나 그마저도 <스포트서울>, <스포츠조선> 등 스포
츠신문이 등장하면서 읽을거리로서의 잡지의 구실을 확보하
기가 여의치 않았다. 주간지에서 찾아볼 수 있었던 연예인의
비하인드 스토리, 성인만화, 사회 비화, 신기한 사건, 폭로성

기사 등 온갖 잡다한 읽을거리들을 이제 매일 발행되는 스포츠신문에서도 읽게 되었다. 대중독자들은 굳이 일주일을 기다려 주간지를 사보지 않고 발빠르게 소식을 전하는 스포츠신문에 매료되었다. 더구나 1980년대 전두환 정권의 '3S 정책'으로 프로스포츠산업이 활성화되면서 스포츠신문의 인기는 날로 치솟았다. 바야흐로 주간지의 시대가 저물고 스포츠신문의 시대가 도래하게 된 것이다. 또한 대중독자들의 수요도 다변화되어 패션잡지, 여성잡지, TV와 비디오 잡지 등 다양한 잡지가 창간되고 새로운 성격의 잡지가 유통되었다. 주간지는 대중의 수요를 따라잡지 못하는 시대에 뒤떨어진 매체로 전락했다. 1991년 <선데이서울>의 폐간은 이미 1980년대 중반에 예고된 일이었다.

1990년대가 되자 시대의 패러다임이 바뀌었다. 정치의 시대가 종식되고 문화의 시대가 개막되었다고 한다. 그러나 이러한 도식적인 시대구분을 따르면 <선데이서울>는 그 어느 시대에도 속하지 못하는 존재가 된다. 1970년 전태일 열사가 자신의 몸을 불사르던 엄혹했던 정치의 계절에 <선데이서울>은 탈정치적인 대중잡지로 등장했다. 정치적 투쟁과 빈곤한 노동자계급의 삶에는 무관심했고, 다만 그저 그런 통속적인 이야기로 가난한 서민들의 메마른 일상을 위로했다. 문화의 시대가 도래하자 <선데이서울>은 폐간됐다. 본격적인 대중 문화의 시대가 되었으니 어설프고 저급한 문화는 사라져야 한다는 듯이 지난 시대 삼류 대중통속 잡지의 대명사는 서둘러 퇴장했다.

그러나 지금 우리는 과연 문화를 향유하는 교양인이 되었을까? <선데이서울>을 읽는 대중들로부터 우리는 얼마나 멀리 떨어져 있을까? 더 이상 <선데이서울> 같은 저급한 도색잡지를 읽지 않지만, 그보다 더 노골적인 포르노그래피를 즐기는 일은 얼마나 더 고상한가? 문화의 시대라고 하지만 사실 그것은 문화의 탈을 쓴 신자유주의의 시대일 뿐이다. 우리는 문화적 인간이 된 것이 아니라 경제적 동물이 되었다. 저속했지만 문화를 향유했던 '인간'은 <선데이서울>의 독자들이었다.

1990, 사고의 기억은 안녕한가요

사고공화국에 대한 단상

김태환

기술의 발전과 사고의 발명

사고(事故)는 인류의 역사와 함께 해왔다. 원시인들은 사냥
이나 채집 중에 크고 작은 사고를 당하곤 했다. 원시시대의 대
형사고는 낙뢰나 분화에 의한 산불, 산사태, 지진, 해일, 홍수
등 자연재해였다. 그러다 인간이 불을 피우게 되면서 인위적
인 산불이 생겨났다.

인간이 발명한 첫 번째 대형사고가 불을 피우는 기술에서
비롯되었다는 점에서 알 수 있듯이, 사고는 기술과 밀접한 관
련을 가진다. 기술적으로 발달하지 못한 사회일수록 사고의
유형이나 규모가 상대적으로 적다. 자연재해를 제외하면, 대개

의 사고는 국소 지역에 피해가 한정된다. 반면에 기술적으로 고도화, 집중화된 사회에서는 사소한 실수도 대형 사고로 직결되어, 자연재해에 준하는 크나큰 인적, 물적 손실을 가져오는 사례를 심심치 않게 볼 수 있다.

배를 만들어 항해를 하게 되면서 선박 사고가 생겨났고, 교각을 만들어 강을 건너게 되면서 교각 추락 사고가 생겨났다. 근대에는 여기에 열차, 대형 여객선과 여객기 사고, 대형 교각, 전기 사고와 배관 사고 등이 추가되었다. 이처럼 기술의 발달에 따라 사고의 유형이 늘어나는 한편, 사고의 규모 또한 커졌다. 초고층 건물이 늘어서면서 단위면적 당 인구가 많아졌고, 도시의 각부를 잇는 탈것의 수송량이나 도로, 교각의 이동량도 엄청나게 늘어났다. 여기에 인간이 통제하게 된 에너지의 크기가 유례없이 커지면서, 체르노빌 원전사고나 후쿠시마 원전사고에서처럼, 인재(人災)가 바람과 해류, 지하수 같은 자연의 흐름과 결합되어 세계적 재앙으로 번지기도 한다.

이처럼 기술이 떠받치고 있는 현대 사회에서는 이전의 어떤 시대보다 사고의 유형이 다양하고 규모와 위력도 크기 때문에, 기술을 사용하는 사람은 기술의 내적법칙에 따라야 한다. 기술적 구조를 결정하는 이 법칙은 자재의 안전규격과 이용자의 안전수칙을 정하는 원칙이 되며, 이 원칙을 지키도록 법규가 만들어 진다. 그런데 이 원칙이 무시되고, 이를 감독해야 할 기관마저 타락해 있다면 어떻게 될까.

우리나라는 기술입국이라는 구호 아래 기술도입에 힘쓴 결과, 서구 국가들이 기술혁명과 산업혁명을 통해 이뤄낸 물질적 성과를 수십 년 만에 따라잡았다. 그러나 이 과정에서 기술의 내적법칙은 성장제일주의와 편의주의에 잠식당하고 있었다. 건축을 예로 들면, 염가로 공사를 낙찰 받은 뒤 공사기간과 자재비를 줄여 이윤을 남기려는 기업의 입장이나, 상징적 건축물이나 대형토목사업을 치적으로 내세우려는 기관의 입장 같은, 기술 외적 상황이 기술의 내적법칙을 무시하는 경우가 생기는 것이다. 비전문가의 설계, 설계도를 무시한 시공, 무분별한 구조변경, 불량 자재 사용, 안전기준 무시, 무리한 공기단축, 현장안전관리 부재, 부실 감리, 그리고 이런 기업의 부정을 서류위조와 사후승인 따위 편법을 동원해가며 승인한 기관의 부패는, 시민들의 미성숙한 안전 의식과 맞물려, 기술이 구축한 우리 사회 어느 분야도 안전을 보장할 수 없는 상황에 이르게 했다.

사고가 없던 시기는 없다, 하지만…

사고란 말에는 우연성과 급작성이 내포되어 있다. 늘 지나다니던 다리가, 화려한 위용을 과시하던 백화점이, 상습적으로 과적해온 선박이, 별 탈 없이 여러 행사를 치른 불법 컨테이너 건물이, 폐쇄 명령을 받고도 불법영업을 이어가던 술집이, 어느 날 갑자기 처참한 비일상적 공간으로 바뀌고 만다. 일상이 비일상으로 바뀌는 그 시각, 그 장소에 피해자들은 순전히 우연으로 내던져진다. 단 몇 분의 차이가 목격자와 피해자를 갈라놓는다.

90년대에 일어난 사고들 중에 사상자가 적게는 수십 명에서 많게는 수백 명에 이르는 대형 참사들만 열거해도, 대구 거성관 나이트클럽 방화(1991), 원주 왕국회관 방화(1992), 논산 정신병원 화재(1993), 청주 우암상가아파트 붕괴(1993), 구포역 열차 전복(1993), 아시아나 여객기 추락(1993), 서해 페리호 침몰(1993), 성수대교 붕괴(1994), 충주호 유람선 화재(1994), 서울 주교동 팔레스 룸살롱 화재(1994), 대구 지하철 공사장 가스폭발(1995), 삼풍백화점 붕괴(1995), 경기여자기술학원 방화(1995), 대한항공 여객기 괌 추락(1997), 부산 냉동창고 화재(1998), 화성 씨랜드 청소년수련원 화재(1999), 인천 라이브II호프집 화재(1999)가 있다.

여기에 인명피해는 상대적으로 적었지만 막대한 재산피해를 내고 사회를 불안에 휩싸이게 한 대형 사고로 두산전자 낙동강 페놀 유출(1991), 신행주대교 붕괴(1992), 남해 창선교 붕괴(1992), 제주도 추자교 붕괴(1993), 강동구 고덕동 빗물펌프장 천장 붕괴(1994), 아현동 도시가스폭발(1994), 시프린스호 기름 유출(1995), 부천 LP가스 충전소 폭발(1998), 익산 충전소 가스폭발(1998) 등이 있다.

성수대교 붕괴사고 현장, 『한겨레신문』, 1994. 10. 22.

또 자연재해가 인재와 결합된 경우로, 야영객이 몰린 지리산 일대에 쏟아진 기록적 폭우가 안전수칙 무시와 경보장치 고장, 기상 예보 장치의 낙후 등 안전관리 부실과 겹쳐져 지리산 일대에서만 78명, 총 103명의 사망자를 낸 지리산 폭우 대참사(1998)도 빼놓을 수 없다.

이렇게 단 10년간 일어났다고는 생각하기 어려운 대형 사고들이 연속적으로 일어났지만, 이 빈발성에 필연적 이유가 있는 것은 아니었다. 부실 설계에 부실 시공한 건물이나 안전규범을 무시한 불법영업은 언젠가는 터지고 마는 시한폭탄과 같지만, 그것이 언제냐는 예측할 수 없다. 90년대에 일어난 사고들은 80년대에 일어날 수도 있었고, 2000년대에 일어날 수도 있었다.

90년대의 대형 참사 중 서해 페리호 사고는 남영호 사고(1970)와[1], 삼풍백화점 사고는 와우아파트 도괴사고(1970)와[2], 인천 호프집 사고는 대왕코너 화재사고(1974)[3]의 재연이라 해도 될 정도로 겹치는 부분이 많다. 그러나 사회 전반이 미숙했던 70년대에 일어났던 사고가, 90년대 대한민국에서 되풀이될 것이라고는 누구도 감히 상상할 수 없었다. 민주주의를 성취하고 1인당 GDP 1만 달러를 달성하면서 빠져있던 장밋빛

---

1) 과적으로 선체가 균형을 회복하지 못하고 침몰했다.
2) 부실시공으로 인해 층간 하중을 버티지 못하고 붕괴했다.
3) 화재 상황인데도 돈을 내고 나가라며 종업원들이 출구를 막았다.

전망의 그늘에 숨어있던, 우리가 급속히 쌓아올린 성취들이 어느 날 한순간에 붕괴해버리는 것은 아닌가 하는 두려움이 가장 참혹한 방식으로 현실에 나타나 버린 것이다.

사고공화국이라는 오명

사고 조사 과정에서 감독기관의 나태와 부패가 사고에 일조했다는 정황이 속속 드러났다.

3미터 높이의 파도가 치는 악천후에 정원을 141명이나 넘겨 태운 채, 항해사도 없이 출항하였다가 침몰한 서해 페리호는 육지와 위도를 연결하는 유일한 노선으로서 줄곧 노선 확장의 필요성이 제기되었으나 경제성을 이유로 반려되어 이전부터 초과승선이 빈번했다. 과적의 위험을 아는 사람들도 다른 노선이 없었기 때문에 승선할 수밖에 없었다. 그러나 항만청은 이 사실을 알면서도 몇 차례 정원초과확인서를 발부한 것 외에 아무 조처를 하지 않았다. 연안여객의 낙후함과 안전의식 부재, 선박안전 관리의 실패가 결국 292명이 사망한 참사를 부른 것이다.

502명이 사망한 삼풍백화점 붕괴사고에서는 건물구조의 안전과 직결되는 구조설계를 할 능력이 없는 건축사가 작성한 설계도로 시공했으나, 관리기관인 서초구청 건축과에는 구조 계산 능력이 있는 전문 인력이 없어서 문제점을 파악하지 못했다. 또 시공사가 설계변경, 용도변경, 부실시공, 무자격자의 감리 등 총체적 부실공사를 행하는데도 감독기관에서는 현장 실사도 없이 허위복명서를 작성하고 사용허가를 내줌으로써 사고의 씨앗을 뿌렸다.

이처럼 대형사고가 이어지자 야당인 민주당에서 "국민들은 잇따른 사건사고로 한 순간도 안심하고 살 수 없는 '사고공화국'에 살고 있다 (…) 김대통령은 세계화도 좋지만 국민생활부터 안심시키라"는 성명을 발표하면서 사고공화국이라는 단어가 인구에 회자되기 시작했다. 사고공화국이라는 단어 자체는 문민정부의 안전관리 실패를 비난하면서 퍼진 것이었지만, 국민의 정부에서도 사정은 마찬가지였다.

유치원생 19명을 포함해 23명의 사망자를 낸 씨랜드 청소년 수련원 화재 사고를 조사하면서, 화성군이 불법적 행위를 동원하여 무허가 불법개조 컨테이너 건물에 사용승인과 운영허가를 내준 사실이 밝혀졌다. 씨랜드 측과 화성군 고위 공무원은 불법개조건물에 허가를 내주지 않는 담당 공무원을 압박하고 결국 타 부서로 전보시키기까지 했다. 시설관리도 엉망이

어서 출입구 외에 비상구도 없었고, 화재 비상벨도 작동하지
않았다.

씨랜드 청소년수련원 화재 현장. 『경향신문』. 1999. 7. 1.

씨랜드 측이 임시지도교사로 고용한 대학생들은 소화기 위
치도 모르고 있었는데, 그나마도 비치된 소화기에는 소화재가
없어 사용할 수 없는 상태였다. 더욱 기막힌 것은 안전을 위해
유치원생은 숙박 일정의 야외수련활동을 금하라는 교육청 지
침이 있음에도 불구하고, 일선 유치원에서는 관리 인력도, 처

벌권한도 없는 교육청 지시를 무시하고 청소년 수련시설에서 어린이 캠프를 하는 것이 성행했단 사실이다. 최다 사망자를 낸 소망유치원 원장 역시 교육청의 캠프활동 금지 교육 소집에 불참하고서 씨랜드 수련원으로 출발했고, 결국 아무 죄 없는 어린이들만 화마에 휩쓸리고 말았다.

56명이 사망한 인천 호프집 화재사고는 안전기준 미달로 영업장 폐쇄 명령을 받고도 비밀 영업을 해오다 일어난 사고였다. 조사과정에서 업주는 경관, 시·구청 공무원, 소방관 등 무려 38명이 뇌물을 받고 불법영업을 눈감아 주었다는 사실을 실토했다. 성인들만 출입이 가능한 주점에서 일어난 사고인데도 불구하고, 불법영업을 하면서 미성년자들을 받았던 탓에 축제 뒤풀이와 생일파티를 하던 중·고등학생 피해자가 많았다. 비위 공무원들은 구속되었지만, 피해자들은 돌아올 수 없었다.

여기서 생각해볼 것은 사고 책임을 온전히 한 정권에만 물을 수 있는 것은 아니라는 점이다. 정권이 바뀐다고 공무원들이 바뀌는 것도 아니고, 국회도 안전 관련 입법의 책임이 있다. 시민들의 안전의식 미숙이 키운 사고도 많다. 사고공화국이라는 오명은 우리 사회 전체가 안전 국가로 가는 쓴 약으로 받아들여야 하겠다.

텔레비전으로 현장을 목격하다

사고는 끊이지 않고 일어나지만, 우리가 모든 사고를 알지는 못한다. 우리는 언론 매체를 통해 사고를 접한다. 90년대의 사고가 이전 시대에 비해 큰 인상을 남긴 것에는 언론매체의 기술적 발전도 빼놓을 수 없다. 특히 텔레비전 뉴스는 현장 상황을 영상으로 실시간 전파하는 것이 가능해 신문이나 라디오보다 훨씬 선명한 인상을 전달한다. 백문이 불여일견이라는 격언으로 요약되는 매체적 장점에 힘입어 텔레비전 저널리즘은 현실에 대한 객관적 기록을 강조하는 방향으로 발전해왔다. 방송장비의 경량화와 생방송 기술의 발전 덕에 기자는 직접 목격자가 되어 현장상황을 전하고, 시청자는 화면을 통해 그 시선을 공유하게 된다.

우리나라에도 이미 1971년의 대연각 호텔 화재 참사 당시 현장의 긴박한 상황을 흑백영상으로 중계한 사례가 있다. 1989년에 이르면 텔레비전 보급률이 가구당 1수상기를 돌파하였고, 90년대에는 컬러텔레비전이 일반화되어 더욱 생생하게 사고 현장을 목격할 수 있게 되었다.

90년대 사고들 중에서도 가장 많이 재생된 것은 역시 대한

민국 사상 최대 최악의 참사인 삼풍백화점 붕괴 사고일 것이다. 서초소방서에서 제공한 붕괴 7분 뒤의 상황이 담긴 영상이 텔레비전 뉴스로 공개되었다. 귀를 찢는 사이렌 소리와 비명 소리가 뒤섞인 이 영상에는 매캐한 먼지로 뒤덮인 처참한 붕괴 현장에서 피투성이가 된 사람들과 매몰된 가족을 찾다 실신하는 사람들의 모습이 그대로 담겨 있었다. 이어진 사고 현장 취재에서 현장 목격자는 "전쟁을 방불케 하는 상황"이라고 말했고, 이 상황을 전하는 기자는 "지옥"이라는 표현을 썼다.

삼풍백화점 붕괴현장. 『매일경제신문』. 1995. 6. 30.

이후 시청자들은 컴퓨터 그래픽으로 재현한[4] 건물 붕괴의 순간부터, 생존 매몰자들의 구조 과정, 참담해 하면서도 희망의 끈을 놓지 못하는 실종자 가족들과 시신 앞에 오열하는 사망자 유가족들의 모습, 각지에서 모여든 자원봉사자들과 기업의 구호 지원 활동, 건물 붕괴 징후를 보고받고서도 영업을 강행하다 붕괴 직전 비서와 함께 건물을 빠져나온 삼풍 이준 회장이 서초경찰서에 출두해서 "여보쇼. (건물이) 무너진다는 건 다시 말해서 손님들에게도 피해가 가지만 우리 회사의 재산도 망가지는 거야."라고 발언하는 후안무치 인면수심의 모습을 화면을 통해 전부 지켜 볼 수 있었다. CCTV 화면은 물론 구조 인력으로 변장한 취재진이 숨기고 들어간 내시경 카메라, 헬리캠, 컴퓨터 그래픽이 동원되어 구성된 사고 현장의 모습은 마치 현장을 직접 목격한 것 같은 생생함으로 시청자들의 기억에 새겨졌다.

온라인 광장으로 모이다

영상 기술의 발달과 컬러텔레비전의 보급이 사고를 생생하

---

4) 90년대 초까지도 방송 그래픽에는 애니메이션이 주로 이용되고 있었다.

게 체험할 수 있게 했다면, 당시 확산되고 있던 컴퓨터/PC 통신은 사고에 대한 정보와 의견을 교환하는 광장 역할을 했다.

천리안 접속화면과 PC통신 단말기

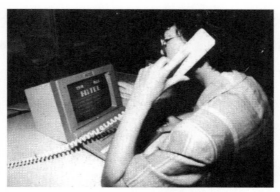

한국통신 직원이 하이텔 단말기를 이용한 정보제공
서비스를 시연하고 있다. 『한겨레신문』, 1991. 7. 30.

VT를 기반으로 하는 PC통신은 요즘의 월드와이드웹 기반
인터넷 환경과 기술적으로는 다르지만, 우리나라 최초의 온라

인 광장이라는 점에서 의미를 가진다. PC통신 이전에도 대자보가 있었고, 신문 독자 기고란이 있었지만, 별다른 절차 없이 누구나 익명으로 언제든 자유로이 발언하고 응답할 수 있는 PC통신은 온라인을 통한 광장 문화의 혁명이었다. 요즘의 인터넷 접근성에 비하면 부족하지만, 많은 가정이 통신용 모뎀을 장착한 컴퓨터를 갖고 있었고, 한국통신이 무상으로 대여하던 하이텔 단말기도 있어서 하이텔, 천리안, 나우누리, 유니텔 등 대형 업체와 사설 BBS의 통신서비스가 전국적으로 활성화되어 있었다.

이렇게 활성화된 PC통신은 사고의 인지와 의견 교환에 새로운 유형을 제시했다. 1995년 4월 28일 오전 7시 52분에 일어난 대구 지하철 공사장 가스폭발 사고는, 사고 직후 라디오 교통정보 방송에, 지하철 공사장에서 폭음과 함께 복공판이 붕괴되어 사상자를 헤아릴 수 없다는 제보전화가 잇따르면서 처음 전파되었다. 하지만 303명의 사상자를 낸 대형 참사임에도 불구하고 방송사는 정규방송시간이 아니라는 이유로, 최초 보도 이후 몇 줄의 속보와 짧은 특보를 내보낸 외에 침묵을 지키면서 이미 편성되어 있던 고교야구 중계와 예능프로를 내보냈다. 이에 지방선거를 앞두고 사고를 축소 보도하라는 윗선의 압력이 있었던 게 아니냐, 아니면 지방을 차별하는 것이냐는 항의와 비난이 일었다.

대구 지하철 공사장 폭발사고 현장. 『동아일보』. 1995. 4. 29.

당일 저녁뉴스 전까지 방송이 침묵한 동안 PC통신 게시판이 소식통이 되었다. 당일 오전 8시 37분에 '대구폭발사고-난 살았다'는 제목으로 노병철씨가 목격담을 올린 이래 하이텔과 천리안 게시판에는 목격담이 연속적으로 올라오면서, 정확한 피해규모가 집계되기 전에도 쉬쉬하고 넘길 규모의 사건이 아니라는 사실이 퍼져있었다. PC통신이 요즘의 SNS나 대안언론의 역할을 했던 것이다.

삼풍백화점 사고 당시에도 천리안과 하이텔은 관련 토론실을 급히 개설했다. 요즘과 마찬가지로 온라인 게시판을 통해 다양한 감상과 의견이 모아지고 있었고, 주류 언론에서는 시민의 소리를 알리고 여론의 향배를 가늠한다는 명목 아래 이를 옮겨 실었다.

한겨레신문은 "백화점 직원의 제보가 있었다는군요. 미리 막을 수 있었다던데… 아침 8시부터 갈라지기 시작했다던데… 그리고도 장사해먹는 백화점" "우리나라 헌법 1조를 '대한망국은 사고공화국이다'로 바꿔야 한다."는 글을 옮겼고, 동아일보에서도 "차라리 테러였다면" "또 무너졌습니다. 우리의 마음이" "YS는 즉각 물러가라" "YS만 또 덤터기를 썼다" "대형사고 대책교본을 만들자" 등 여러 의견을 옮겼다.

PC통신은 주 사용자가 청년 남성에 집중되어 있던 한계에도 불구하고, 이렇게 언론을 통해 옮겨지면서 PC통신을 하지 않는 사람들에게도 영향을 미치며 여론을 형성할 수 있었다.

대중예술이 기억하는 사고

텔레비전으로 생생한 소식을 접하고, PC통신으로 의견을 나누면서 사람들은 사고 현장에 참여하고 있다는 느낌을 받는다. 이런 체험의 생생함이 깊은 분노와 비통함을 느끼게 하여, 감수성이 예민한 사람은 사고 피해자에 준하는 외상후 스트레스 증후군(PTSD)을 앓기도 한다.[5] 피해자들은 물론 목격한 모두가 사고의 기억에서 자유롭지 못하기 때문에, 사회 전체가 사고를 기록하고, 기억하며, 상처를 치유하려는 움직임을 보인다. 이런 움직임은 추모비 건립, 추모행사, 사고백서, 사고보고서와 함께 예술 활동으로 이어지기도 한다.

삼풍백화점 사고가 있었던 1995년, 록밴드 N.EX.T는 3집 앨범 수록곡 '세계의 문 Part 2-우리가 만든 세상을 보라'에서 "무너진 백화점, 끊겨진 다리는 무엇을 말하는가. (…) 누굴 위한 발전이며 누구를 위한 진보인가."라는 가사로 붕괴사고를 부른 성장제일주의를 비판했다.

힙합그룹 DJ. DOC도 95년 발표한 2집 앨범의 7번 트랙에 성수대교 붕괴를 알리는 앵커 멘트를 딴 '뉴스속보'를, 이어 8번

---

5) 미국 국가공존질환조사에 따르면, 재난이나 재해를 그저 목격하는 것만으로도 7.3%의 사람들에게서 PTSD가 나타났다고 한다.

트랙에는 "무학여고 졸업식에 싸늘하게 비어있는 여덟 개의 빈자리에 눈물 젖은 들국화 (…) 성수대교 성수대교 1994 부실 공사 추방원년 1994"라는 가사의 곡 '성수대교'를 실었다.

씨랜드 참사가 있던 1999년, 아이돌그룹 H.O.T는 4집 앨범 머릿곡을 "피우지도 못한 아이들의 불꽃을 꺼버리게 누가 허락했는가. 언제까지 돌이킬 수 없는 잘못을 반복하고 살 텐가."라는 가사를 담은 '아이야!'로 정하고 활동하며 피해자들을 추모했다.

2007년 나온 가수 SAT의 노래 '이게 나예요'는 곡 자체는 사고와 별 관계없지만, 뮤직비디오에서 1999년 인천 호프집 화재 사고를 재연했고, 말미에 피해자들을 추모하는 문구를 삽입해, 잊혀져가던 8년 전 사고를 환기했다.

영화 <가을로>(2006)은 삼풍백화점 사고로 약혼녀를 잃은 남자가 사고 10년 후, 약혼녀가 남긴 신혼여행 계획에 따라 여행지를 돌다가, 당시 사고현장에서 약혼녀와 함께 매몰되었다 구조된 커피숍 점원을 만나, 약혼녀의 마지막 순간을 듣게 된다는 내용이다. 영화는 CG를 통해 백화점 붕괴 당시의 아수라장을 일부 재현했지만, 사고 상황의 묘사보다 사고로 소중한 사람을 잃어버린 사람들의 상실감과 그 치유과정에 집중한다.

사고 영상과 관련자들의 인터뷰로 구성된 영화 <논픽션 다

이어리>(2013)는 지존파 사건(1993~1994)을 성수대교 붕괴, 삼풍백화점 붕괴 사고와 엮어냈다. 가장 인상적인 장면은 지존파 검거 작전에 대해 회고하던 형사들이 삼풍백화점 붕괴 현장에서 목격자로서 등장하는 대목이다. 극악한 범죄 집단을 소탕한 베테랑 형사들도, 탐욕과 부정이 빚은 참화의 현장 앞에선 그저 무력하게 지켜볼 수밖에 없었다고 토로하는 장면에서, 감독은 지존파와 삼풍 이준 회장의 죄악을 저울에 올려보면 어느 쪽이 무거울 것인가 하는 질문을 던진다.

강남의 형성 과정을 그린 황석영의 소설 <강남몽>은 삼풍 사고를 연상시키는 붕괴된 백화점 지하를 무대로 한다. 여기서 구조되면 아가씨 소망 하나쯤은 들어줄 재력이 있다며 호기롭게 구는 백화점 회장의 첩 박선녀와 당신이 뭔데 나에게 그런 말을 하느냐며 노동자로 살아온 가족의 삶을 돌이켜보던 백화점 점원 임정아가 함께 매몰되었는데, 박선녀는 사망하고 임정아는 17일 만에 알몸으로 구조되는 걸로 끝맺는다.

문홍주의 <삼풍-축제의 밤>은 삼풍백화점 사고 관련 자료를 소설 형식으로 엮어낸, 논픽션에 준하는 작품이다. 사고를 일부 소재로 다룬 작품들과는 달리, 소설 형식상 일부 가공의 인물이 있지만, 대부분의 인물과 상황을 실제에 근거하여 사고의 전체상을 독자들에게 전달한다. 동 소설은 손영수가 각색하고, 한상훈이 작화를 맡아, <삼풍>이라는 제하에 웹툰으로 연재되기도 했다.

정이현의 자전소설 <삼풍백화점>은 사고 주변인의 술회라는 점에서 차별적인 위치에 놓인다. 작가는 소설 속 주인공과 마찬가지로 강남에 살면서 삼풍백화점을 자주 이용했고 삼풍백화점 매장에서 일하는 친구를 가졌었고, 사고 당일도 붕괴 직전에 백화점을 나왔고, 사고로 이웃을 잃기도 했다. 이 소설에서 가장 울림이 큰 대목은 다음이다.

> "며칠 뒤 조간신문에는 사망자와 실종자 명단이 실렸다. (…) 옆면에는 한 여성명사가 기고한 특별칼럼이 있었다. 호화롭기로 소문났던 강남 삼풍백화점 붕괴사고는 대한민국이 사치와 향락에 물드는 것을 경계하는 하늘의 뜻일지도 모른다는 내용의 글이었다. 나는 신문사 독자부에 항의전화를 걸었다. (…) 그 여자가 거기 한번 와본 적이나 있대요? 거기 누가 있는지 안대요?"

실제로 일부 종교계 인사들이 입방아를 찧어댄 것처럼, 삼풍백화점의 붕괴가 사치와 향락의 붕괴는 아니었다. 대형마트가 보편화되기 전까지 백화점은 대형 매장 역할을 했다. 명품백화점으로 유명한 삼풍백화점에도 식당이나 서점이 들어서 있었고[6], 삼풍아파트 같은 근린주거단지의 상점 역할도 겸했다. 많은 사람들이 할인행사를 시작한 지하식품매장에서 변을 당했다는 사실도 이를 뒷받침한다. 사고 당일 삼풍백화점을 거닐던 사람들 중에는 친구들과 아이쇼핑을 하는 여고생도 있었고, 행사 매대에 특가로 나온 넥타이를 만져보는 회사원도 있었고, 저녁 찬거리를 고르는 주부도 있었다. 또 입주업체를 포함해 천여 명에 달하는 사원들도 있었다. 사망자 502명중 남자는 106명, 여자는 396명이었고, 연령별로는 백화점 및 입주매장 직원의 다수를 차지하는 20대가 최대의 피해자였다.

그러니까 삼풍백화점 사고를 중산계급의 장밋빛 전망이 무너진 것으로 볼 수는 있을지언정 향락을 일삼는 상류층의 붕괴로 규정하는 것은 그 장소에 있던 사람들의 현실을 보지 못한 단견이다. 이 사실을 바로잡기 위해서라도 정이현의 소설은 반드시 나왔어야 할 작품이다.

하성란의 <별 모양의 얼룩>은 씨랜드 참사를 소재로 한 단편소설이다. 유치원 캠프에 보낸 아이를 화재 사고로 잃은 부

---

6) 삼풍문고라는 서점이 있었다. 붕괴사고가 있기 전에 철수했다.

모들이 사고 일 년 후 화재가 난 야영장 터에 들렀다가, 사고 당일 밤, 노란 옷을 입고 별모양 브로치를 가슴에 단 여자아이가 돌아다니는 걸 목격했다는 주정뱅이의 말을 듣고 실낱같은 희망의 끈을 쥔다는 내용이다. 여자는 시체를 확인했다는 남편의 말에도 아랑곳하지 않는다.

"누가 뭐라든 여자는 그 아이가 자신의 아이였다고 믿고 싶었다. 일 년이 넘도록 집으로 돌아오지 않은 건 아이의 좁은 보폭 때문이라고 믿고 싶었다. 아이가 그 걸음으로 돌아오려면 아직도 수많은 시간을 기다려야 할 것이다."

담담한 필치로 써내려간 유가족의 심정을 읽는 독자들은 몸서리나는 씨랜드 화재 사고의 기억을 떠올리면서 처참한 감상에 빠지게 된다. 다시 돌아올 수 없음을 알면서도 여전히 그 자리에서 가족, 친구, 동료를 기다리는 사람들을 설득할 논리 같은 건 세상에 존재하지 않는지도 모른다.

다시 일상으로 돌아가며

구조가 끝나고 조사가 완료되면, 현장은 복구되고 충격과 울분에 빠져 있던 사람들도 일상으로 돌아간다. 사고의 순간에서 물러나 일상으로 돌아가는 것이 사고에 대해 냉담해지는 것은 아니다. 사고의 기억은 잊을 수 없되 극복되어야 할 것이다. 사고의 처참한 순간을 몇 번이고 반복해서 떠올리는 것으론 비극의 재현을 막을 수 없을뿐더러, 인간의 정신이 견딜 수도 없기 때문이다. 아무리 공감한다 해도 결국 우리는 사고 당사자의 고통과 슬픔에는 이를 수 없다. 어떤 말이 피해자들에게 위안이 될지, 어떤 조치가 슬픔을 이기지 못한 유족들의 극단적 선택을 막을 수 있는지 안다고 자신할 사람은 없을 것이다.

다만 우리는 우리 중 누구도 피해자가 있던 그 시간, 그 장소에 있을 수 있었다는 점을 가슴 속에 새기고 경계해야 한다. 이것이 삼풍백화점 터 위에 대형 주상복합건물이 올라가고, 씨랜드 수련원 부지 옆에 또 다시 불법 휴양시설이 들어서고, 과적한 노후선박의 악천후 출항이 끊이지 않는 현실에 맞서 우리 마음속에 무너지지 않는 위령비를 세우는 일일 것이다.

욕망의 스토어: 24시 편의점의 추억

박형준

편의점의 탄생: 서구식 만물상회의 출현

언제부터인가, '24시 편의점'은 우리 삶의 중심 공간이자 생활양식이 되었다. 우리는 편의점에서 커피를 마시고, 점심식사를 하고, 친구를 만나고, 생필품을 구입한다. 현대 사회를 살아가는 사람들에게 편의점은 일상생활을 영유하는 중요한 라이프 스페이스가 되었다. 그렇다면 현대인들의 생활 거점이 된 것처럼 보이는 '편의점(convenience store)'은 도대체 언제 생겼을까?

한국 편의점의 출발은 통상 1989년 5월 서울 송파구에 개점한 '세븐일레븐'으로 회자된다. 편의점을 사회학적 관점에서 연구한 전상인의 『편의점의 사회학』(민음사, 2014)에 따르면,

미국계 프랜차이즈 '세븐일레븐'의 오픈은 한국 편의점 시장의 개척을 알린 경제적·문화적 신호탄으로 해석된다. 이후 '서클케이', '훼미리마트', '미니스톱', '엘지25', '바이더웨이' 등의 다양한 편의점이 등장하게 된다.

수퍼마켓 시대에서 편의점 시대로 가는 역사적 길목.
"편의점 「LG25」 개점"(『매일경제』, 1990. 12. 8.)

흥미로운 것은, 당시 언론이 24시간 편의점을 '없는 것이 없는 24시 만물상회'로 묘사하면서도, '서구식 구멍가게'로 평가절하하고 있다는 점이다. 여기에는 일국(一國)주의적 애국심과

외래적인 것에 대한 경계심이 함께 작용하고 있다. 일례로, 한 신문에서는 "서구식 구멍가게인 24시간 편의점이 상륙 2년만에 길목을 파고들어 골목길 구멍가게"의 "몸"(『경향신문』, 1991. 10. 7.)을 움츠리게 하고 있다며 우려를 표명하고 있다. 즉, 초기의 편의점은 서구 자본의 국내 유입과 골목 상권에 대한 공격으로 인지되었고, 청년 세대들에게 일정한 반감을 사기도 했다. 그래서 특정 편의점에서는 '우리는 로열티를 내지 않는 업체'라는 문구를 내거는 사회 현상이 나타나기도 했다.

그래서일까? 초기 편의점의 매출액과 판매 성장률은 그리 높지 않았다. 왜냐하면 편의점은 동네 슈퍼에 비해 물품 가격이 다소 비싼 편이었기 때문이다. 또한 초기 편의점의 주요 이용고객은 어린 학생들이 아니라, 오히려 대학생이나 직장인 쪽이 더 많았다. 1980년대가 저물 무렵, 종합상회 개념의 편의점이 등장했지만, 1990년대 초기에는 여전히 많은 사람들이 편의점보다 슈퍼마켓을 찾는 관성이 사라지지 않았다. 하지만 24시 편의점은 동네 슈퍼와는 확실히 차별되는 점이 있었다. 그것은 24시 편의점이 잠들지 않는 욕망의 충전소라는 사실이다.

깨어 있는 당신을 위하여: 욕망의 질주와 24시간 서비스 시대

1990년대의 밤은 깨어 있었다. 동구권 사회주의 국가(들)의 몰락은 기존의 국제정치 질서에 큰 변화를 가져왔고, 이는 한국을 비롯한 동아시아 국가의 탈국경화와 자본의 세계화를 견인하는 외적 요인이 되었다. 특히, 1987년 6월 항쟁 이후 개인의 신체적 · 정신적 조건을 제어하고 있던 정치적 규제들이 외면상 철폐되고, 사회 · 경제 · 문화적 조건 역시 크게 변모하였다. 거대 담론과 이데올로기적 투쟁이 지배하는 생산과 혁명의 시대가 종언을 고하고, 개개인의 내면과 욕망을 중시하는 탈이념적이고 탈중심적인 사회가 도래한 것이다.

1990년대 초중반에 대학을 다닌 이들이라면 누구나 기억하는 것이 하나 있다. 자정이 되면 대부분의 술집이 문을 닫았다는 사실이다. 당시에는 유흥주점의 '24시간 영업'이 허용되지 않았기 때문이다. 허나, 실제로 심야영업이 완전히 정지된 것은 아니다. 일부 주점은 워키토키를 든 '덩치'들이 007작전을 방불케 하는 호객 행위를 통해 손님들을 유인하는 '몰래 영업'을 하기도 했다. 또 '편의방' 혹은 '편의점'이라는 이름으로 24

시간 술과 안주를 제공하는 가게가 등장하기도 했다.

이와 같이, 1990년대 도시 대중들은 숙면하지 못했다. 식당과 술집의 심야영업 규제가 완전히 해제된 것은 1990년대 후반이지만, 이런 형식 규범으로는 세기말을 앞둔 대중들의 욕망을 통제할 수 없었다. 잠을 잊은 사람들은 욕망의 바리케이트를 넘어 거리로, 그리고 쏟아져 나왔다. 이런 사회문화적 현상을 잘 보여주는 장소가 '24시 편의점'이다.

『동아일보』의 독자 투고란을 보면, 편의점이 마치 "유흥주점"처럼 "가게 한쪽에 술 마실 수 있는 공간을 마련하고 전문적으로 술을 팔고 있"으므로, 당국의 "강력한 규제"(『동아일보』, 1995. 4. 26.)가 요청된다는 주장이 발견된다. 당시 심야의 편의점이 '술집'을 방불케 하는 분위기로 운영되었음을 확인할 수 있으며, 이는 청소년 탈선 문제와 연결되어 사회적 이슈가 되기도 했다. 이와 같이 1990년대의 '24시 편의점'은 시공간의 제약과 한계를 뛰어넘은 '욕망'의 집결지로 그려지고 있다.

시인인 동시에, 영화감독으로 잘 알려져 있는 유하의 시 「참치죽이 있는 LG 25시의 풍경 1」은 이를 잘 보여주는 문화적 증례이다. 그는 '바람 부는 날이면 압구정동에 가야한다'는 시집과 영화를 세상에 내놓으면서, 1990년대의 황량한 일상과 개인의 내면, 그리고 욕망의 무시간성을 성찰하고 있다.

24시간의 일상, 그 끄트머리엔
25시라는 상상의 편의점으로 통하는 비밀 통로가 있다
난 24시의 일상을 탈영한, 떠도는 자이므로
박쥐처럼 익숙하게 그곳으로 스며든다
24시간의 편의를 위해 아무것도 기여하지 않은 손으로
뇌수의 냉장실 문을 열고, 오늘은

그랑 부르를 잃어버린 참치의 고독을
하나 꺼낸다, 가격은 영혼의 살점 한 덩어리
난 인생이 편의를 도모하기 위해, 스물네 시간
편의점 사장에게 시집간 여자를 기억한다
멸치 대가리들이 다물어지지 않은 아가리로, 사랑했니?
묻는다, 과연 LG 트윈스가 코리안 시르즈에 직행할까요
참치는 나름대로 선전했지만
죽그릇 속에 완봉당한 채 누워 있다
난 밀봉된 인스턴트 식품처럼 사랑에 대해 침묵한다
그때 나는 끝없는 삶이 그랑 부르를 부르짖었지만
그녀는 용케도 내 표정 뒤에 숨은 참치죽을 보았던
것이다

그래도 참치는 편의를 위해 헤엄치지는 않았으리라

그래도 참치는 생을 죽쒀서 내 허기의 그랑 부르를
달래주리라

죽으로 요약되는 허망함을 딛고,
꿈속에서도 참치는 계속 헤엄친다
육신의 내부를 밝히는 심장의 불빛이 꺼질 때까지,
난 25시 편의점처럼 쉴 줄 모르고
참치에게 푸른 바다를 제공할 것이다

24시간의 일상, 그 끄트머리엔
25시라는 상상의 편의점으로 통하는 비밀통로가 있다
영혼의 살점을 지불할 수 있는 자만이
박쥐처럼 익숙하게 스며들 수 있는

　– 유하,「참치죽이 있는 LG 25시의 풍경 1」(『세운상가 키드의 사랑』,
　　문학과지성사, 1995)

　　유하 시인은 '세기말'을 목전에 두고 있는 현대인들이 '24시
편의점'과 같이 "쉴 줄 모르고" 반복되는 일상을 살아가고 있
음을 누구보다 섬세하게 감각하고 있다. 시 「참치죽이 있는 LG
25시의 풍경 1」에서 보여주고 있는 것과 같이, 24시 편의점은

'일상의 시간' 바깥으로 질주하는 욕망의 무한성을 표상한다.

통상, 시간은 우주의 섭리와 이치에 따라 순환되는 '생리적 시간(자연적 시간)'과 인간의 일상을 통제 가능한 단위로 분할하는 '시계적 시간(근대적 시간)'으로 나누어진다. 하지만 '24시 편의점'은 생리적 시간이라는 전근대적 개념과 시계적 시간이라는 근대적 개념이 모두 적용되지 않는 공간이다. '편의점에서의 시간'은 자연적 시간관념과 시계적 시간규율을 함께 어긋내고 위반해버리기 때문이다.

'24시간'은 자연적 시간과 시계적 시간의 흐름을 반영한 시간 개념이다. 하지만 시의 제목이자, 상호명인 'LG25'가 시사하는 바와 같이, 24시 편의점은 이러한 시간 개념을 초월해 있다. 인간의 욕망이 덧셈되는 만큼, 상품/서비스의 제공 시간이 무제한 연장되는 공간이 24시 편의점인 것이다. 그렇다면, 편의점은 세기말을 향해 치닫고 있던 '개인의 욕망'을 포스트모던이라는 탈정치적 포즈와 함께 재생산하는 문화 기제와 다르지 않다.

24시 편의점에서 '시간'은 상품이자 자본이다. 이곳은 '시간'(상품)을 무한히 덧셈해 주는 마법의 공간이다. 다시 말해, 편의점은 '스물 네 시간 잠들지 않는 욕망의 가게(store)'이다. 당시 미디어에서는 이를 "밤에도 잠들지 않는 24시간 서비스 시대가 활짝 열리고 있다"(「경향신문」, 1991. 2. 20.)며 떠들썩하게 보도하고 있다. 편의점이 90년대의 유력한 문화적 표상으로 해석될 수 있는 까닭이다.

연중무휴·24시간영업을 내걸고 등장한 편의점들이
유통시장에 새바람을 일으키고 있다.
〈서울 송파구 시멘외점─異經元기자〉

"한편 편의점 점포의 급속한 확산은 지금까지의 유통시장에 대한 고정관념을 깨뜨리고 주택가에 새로운 풍속도를 그려내고 있다. 하루 24시간 문을 닫지 않는 가게, 생활에 필요한 것은 모두 모아놓았다는 곳이 바로 편의점"이라는 기사에서 확인할 수 있듯이, 24시 편의점은 1990년대의 시간 개념을 새롭게 쓰고 있다. (『경향신문』, 1991. 2. 20.)

24시 편의점이 표상하는 1990년대의 사회문화적 변화는, 1980년대의 엄숙한 문화가 퇴조하고, 개인적 감성과 문화 향유를 중시하는 소비주의 문화의 융성 과정 속에서 확대되었다.

소비의 시대는 개인의 '욕망'을 무제한적으로 증폭시키는 사회 분위기 속에 증식되어 갔다. 도시 대중들의 '욕망'은 잠들지 않고 깨어 있었으며, 24시 편의점은 이러한 욕망을 충족시켜 주는 상징적 공간으로 기능하고 또 인식되었다.

도시 솔로들의 싱글라이프: 혼밥의 원조, 컵라면과 삼각김밥

24시 편의점은 상품의 판매와 서비스가 무한히 제공되는 소비와 욕망의 공간이다. 물론 욕망의 영속화를 가능하게 하는 추동력은 자본주의이다. 속류 자본주의 사회 속에서는 모든 것이 상품이자 이윤 창출의 대상이 된다. 1990년대의 소비주의 문화는 집단적이기보다는 개인적인 것이다. 편의점은 집합하거나 연대할 시간이 부족한 현대 도시인들의 삶을 '개별화'하는 인스턴트 문화를 창안하였다. 함께 식사를 하거나, 차를 마시기에는 너무나도 많은 시간과 감정적 노력이 필요하다. 편의점은 바로 이런 '솔로(solo)-족'의 감성 구조를 파고들어 마케팅에 성공한 산업 케이스다.

혼자서 끼니를 해결해야 하는 솔로들에게 편의점은 다른 사람들의 눈치를 보지 않고 식사와 차를 해결할 수 있는 유휴 공간을 제공해 주었다. 편의점의 다양한 상품들이 1990년대 이후 급증한 솔로 산업의 한 분야를 차지할 수 있었던 이유이다. (『동아일보』, 1994. 9. 26.)

　당시 미디어들이 솔로족을 위한 '1인분 마케팅'을 대대적으로 보도하고 있다는 사실에 주목할 필요가 있다. "24시간 편의점은 생필품 구입에서부터 현금서비스, 끼니때우기까지 모든 것을 해결해 주기 때문에 독신자 샐러리맨들이 애용하는 곳이다. 세븐일레븐, 로손, 엘지25, 훼미리마트, 미니스톱, 서클케이 등 24시간 편의점들은 샌드위치, 삼각김밥, 햄버거, 도시락 등 1인분 단위로 포장된 간이음식 개발에 앞을 다투고 있다"(『동아일보』, 1994. 9. 26).

사실 1980~90년대까지만 해도, 한국 사회에서 '혼자 밥을 먹는 사람'(이른바, 혼밥족)은 사회성이 결여되어 있는 사람처럼 오해되는 경향이 없지 않았다. 하지만 편의점의 등장과 약진은 이런 솔로(들)의 고민을 한꺼번에 해결해 주었다. 도시 직장인과 학생들은 너무나도 바쁜 삶을 살아가기 때문에, 편의점에서 식사와 간식을 간편하게 '혼자 해결'할 수밖에 없다는 점에 주목한 것이다. 이러한 사회적 분위기는 '싱글 라이프'를 하나의 일상문화로 자리매김하는 데 크게 기여하였다.

1990년대 이후 솔로들의 편의점 이용은 일련의 트랜드 문화처럼 자연스러워졌다. 물론 '솔로 산업'의 융성이 현대인들의 사회적 관계 단절을 초래할 수 있기 때문에, 사회적으로도 이를 우려하는 목소리 역시 없지 않았다. 자본주의의 상품 기획력과 마케팅 전략은 개개인의 관계 단절 따위를 염두에 두지 않기 때문이다.

그렇다면 편의점 상품 중에서 솔로족(혹은 혼밥족)이 자주 찾는 메뉴는 무엇일까? (굳이 신문의 통계자료를 인용하지 않더라도) 2017년 현재 '혼밥족'을 위한 상품 중에서 가장 인기가 있는 메뉴는 '1인 도시락'이다. 가격도 저렴하고 다양한 먹거리를 즐길 수 있다는 것이 그 이유이다. 하지만 1989년 24시 편의점이 문을 연 이후, 줄곧 1, 2위를 차지하고 있는 솔로 메뉴는 따로 있다. 바로 '컵라면'과 '삼각김밥'이다. 90년대 대학을 다닌 사람들이라면 누구나 컵라면과 삼각김밥을 먹어본 경험이 있을 것이다. 심지어, '편의점'을 이야기하면, '컵라면'과 '삼각김밥'을 먼저 떠올리는 사람들도 있다.

컵라면은 24시 편의점에서 압도적인 인기를 누리고 있는 상품이다. 한국의 '국 문화'와 '면 사랑'을 혼종적으로 이식해 놓은 '컵라면'은 누구나 빠르고 편리하게 이용할 수 있는 패스트푸드 메뉴 중 하나이다. 특히, 컵라면은 편의점에서 판매하는 즉석 음식(fast food) 중에서도 가격대가 저렴해 학생들과 직장인이 부담없이 이용할 수 있다는 장점이 있다. 90년대에 중고등학교나 대학을 다닌 사람이라면, 누구나 편의점 창가에 서서 김이 모락모락 올라오는 컵라면을 먹어본 경험이 있을 것이다. 2000년대로 진입하면 컵라면은 각 편의점의 브랜드를 대표하는 'PB 제품'으로 확장되며 한층 더 다양해진다.

컵라면은 1회 용품으로 구성되어 있는 '솔로 식품'이다. 즉, 컵라면은 90년대 편의점 문화의 '개인성'과 '일회성'을 함께 보여주고 있는 대표 상품인 셈이다. 그렇다면 삼각김밥은 어떤가? 통상 김밥은 다양한 재료가 들어가기 때문에 '손이 많이 가는 음식'으로 인지된다. 하지만 삼각김밥은 김밥에 대한 이러한 통념을 깨부수며 즉석식품 시장의 새로운 장을 열었다.

특히, 삼각김밥은 그 자체로 끼니나 간식이 되기도 하지만, 컵라면과 상호 보완재의 역할을 하기도 한다. 컵라면 하나, 혹은 삼각김밥 하나로는 허기를 해결할 수 없는 사람들에게 '컵라면 + 삼각김밥'의 콜라보레이션은 현대인의 허기를 해결해 주는 환상의 조합을 제공해 주기 때문이다.

1990년대 세븐일레븐 원터치 삼각김밥 광고이다. 원터치 삼각김밥은 21세기 혼밥 형태의 원조라고 할 수 있다. 많은 시간과 특정한 공간을 요구하지 않는 간편함과 편리함을 제공한다. (유튜브 세븐일레븐 원터치 삼각김밥 CF에서 인용)

이와 같이, 컵라면, 삼각김밥, 도시락 등은 단순한 먹거리 상품이 아니라, 편의점을 거점으로 도시 대중들의 싱글 라이프를 구축한 시대적 문화재이자 소비재인 셈이다.

지금, 당신의 추억/일상과 접속하다

1990년대 이후, 우리 사회는 차츰 개인화되고 분자화되고 있다. 이런 사회 현상을 잘 보여주는 공간이 '24시 편의점'이다. 90년대 드라마와 영화를 보면, 편의점은 바쁜 일상을 살아가는 학생들과 직장인들이 끼니를 때우거나 잠시 휴식을 취하는 공간으로 그려진다. 미디어에서는 이를 '솔로 산업'이라고 명명하기도 했다. 2016년에 tvn에서 방영된 '혼술남녀'라는 드라마가 높은 인기를 끌기도 했을 정도로, 현재에는 '혼밥족', '혼술족', '혼도족'이라는 말이 일반화되었다. 하지만 유통업체에서 이를 마케팅의 대상으로 삼은 것은 이미 20~30년 전의 일이다.

이렇듯, 24시 편의점은 단순히 생필품을 파는 장소가 아니라 1990년대 이후 현대인의 새로운 생활 방식과 사고를 담아내고 창출하는 문화 공간이었다. 편의점은 현재에도 우리의 생활양식, 즉 라이프 스타일에 많은 영향을 미치고 있다. 24시 편의점은 변신에 변신을 거듭하며, 우리의 추억과 함께 새롭게 접속되고 있는 것이다.

박물관과 수학여행

시대를 담는 그릇, 박물관
당신은 박물관에서 어떤 미래를 꿈꿔봤는가

김현아

누구나 한번쯤은 박물관에 가본 적이 있을 것이다. 방문한 박물관의 위치, 관람목적, 함께 한 친구의 이름, 입고 있었던 옷(당시로서는 최신 스타일이었던) 등은 달랐겠지만 놀랍게도 박물관에 다녀온 감상은 일관되다. 남북통일에 대한 염원처럼 박물관에 대한 이미지는 '재미없어'로 온 국토가 대동단결. 박물관 문을 열고 들어선 순간 시간이 멈추어버린 것처럼 변할 라야 변할 수 없는 정적인 박물관의 공기가 사람들의 머릿속을 지루함이라는 단어로 채워 넣는다. 필자 역시 초등학교 시절 박물관에서 창자가 꼬이는 듯한 무료함을 경험해 본 적이 있다.

그러나 박물관은 자동차 기술이 발달한 것만큼이나 빠른 속도로 바뀌어 왔다. 박물관 역시 그것이 정치건 경제건 문화변동이건 간에 우리 사회의 대세를 따라 움직인 까닭이다. 박물관은 죽어있는 공간처럼 보이지만 외부 환경에 맞춰 꿈틀꿈틀 변화를 멈추지 않았다. 그럼에도 불구하고 우리가 그 흐름을 눈치 채지 못한 것은 이것이 소리 없이 이루어진 탓이다.

학창시절 수학여행에서 반드시 거쳐야할 필수 코스 중 하나가 박물관 관람이었다. 학교 단체 활동이었고 애국심 깊은 청소년이라면 누구나 우리의 소중한 문화유산에 대해 배워야 하기에 불평 한마디 못하고 선생님들의 줄줄이 나란히! 구호에 맞추어 전시실을 둘러본 기억. 그런데 박물관에서 무엇을 봤는지 떠올릴 수 있는 사람이 과연 몇 명이나 될까? 그저 교실 밖으로 나왔다는 기쁨에 박물관 전시관람 역시 참을만한 일로 여겼으리라.

그렇다고 해서 자책할 필요는 없다. 우리에게 문화를 즐길 수 있는 유전자가 부족한 탓이 아니다. 고려청자를 보면서도 감동보다는 '이게 과연 얼마일까?'가 더 생각나는 데에는 그럴 만한 이유가 있다.

박물관을 발굴품으로 채우다!

1980~90년대 박물관의 전시실은 발굴품들로 가득 채워졌다. 경제발전과 함께 이곳저곳에서 각종 건설 붐이 일어났고 공사 시작 전에 거쳐야 하는 문화재지표조사를 통해 다양한 유적이 발굴되었으며 관련 유물들이 쏟아져 나왔다. 그러다보니 자연스럽게 이들 발굴성과물들을 진열할 공간이 필요하게 되었는데 (지금도 그렇지만 당시로서도) 박물관만큼 이에 적합한 장소가 없었다.

국립부여박물관의 궁남지
발굴 모습(1991~1993)

궁남지 전경

궁남지는 현존하는 우리나라 최초의 인공 연못이다. 『삼국사기』 무왕 35년(634)조에 "3월에 궁 남쪽에 못을 파고 20여 리나 되는 먼 곳에서 물을 끌어들이고 못 언덕에는 수양버들을 심고 못 가운데는 섬을 만들었는데 방장선산(方杖仙山)을 모방하였다"는 기록이 있다.

국립부여박물관의 경우만 보더라도 발굴 건수가 1960년대 11건, 1970년대 13건에 불과했던 것이 1980년대와 1990년대에는 각각 27건과 25건으로 2배나 증가하게 된다. 연꽃이 아름답기로 소문난 관광명소 궁남지 역시 이 시기 발굴된 유적지이다.

국립박물관은 물론 대학박물관에서 주도한 발굴 사례도 많다. 1967년 대학설치기준령에 따라 종합대학교에 의무적으로 박물관을 설치하도록 한 이래 대학박물관들이 본격적으로 문화유적 발굴조사에 뛰어든 결과이다. 현재 수많은 대학박물관 전시실을 점령하고 있는 석기류, 토기류, 철기류 역시 이 무렵에 발견된 것들이 상당수이다. 박물관의 특수성과 정체성을 반영하지 못한 채 발

인디아나 존스: 최후의 성전, 1989년, 해리스 포드 주연

젊은이들에게 고고학자의 꿈을 꾸게 한 영화

굴품 나열식의 전시구성은 박물관과 고고학계의 거리는 좁혔지만 관람객에게는 눈물 나올 정도의 무료함을 선사했다. 그러나 아이러니하게도 발굴조사 사업의 확장과 더불어 당시 개봉한 영화 인디아나 존스의 흥행성공은 젊은이들에게 고고학

자를 꿈꾸게 했다. 물론 영화는 영화일 뿐 현실에서 활동하는 고고학자들 역시 월요병에 걸리고 연초마다 공휴일 숫자 계산에 열심힌 것은 매한가지이다.

지루하다 못해 괴로운 1980~90년대 발굴품 위주의 전시구성, 우리의 수학여행을 즐겁지 않게 만든 원흉이지만 우리는 그 시절의 박물관을 너그럽고 뿌듯한 마음으로 추억해야 한다. 한국인들이 한국의 문화유산을 조사하고 연구한다는 어쩌면 너무나 당연한 일들이 얼마 전까지만 해도 불가능했음을 떠올려볼 필요가 있다. 한반도에 존재하는 문화유산들을 학술적으로 연구 조사하기 시작한 것은 일제 강점기 일본인들에 의해서였다. 그 목적은 문화재 수탈과 역사의 왜곡. 실소를 금할 수 없는 사건도 많다.

구스타프 스웨덴 왕자의	서봉총 금관	금관의 파문
서봉총 발굴 장면	보물 제339호	『부산일보』,
	국립중앙박물관 소장	1936. 6. 29.

서봉총(瑞鳳塚)은 경주시 노서동에 위치한 신라시대 고분이다. 그런데 생뚱맞게도 '서봉총(瑞鳳塚)'은 스웨덴의 한자표기인 서전(瑞典)의 '서(瑞)'와 봉황(鳳凰)의 '봉(鳳)'자가 합해진 명칭으로 스웨덴 왕자가 봉황 장식의 금관을 발굴했다는 의미이다. 일본인들은 이미 서봉총의 발굴조사를 마친 상태였지만 발굴품들을 고스란히 다시 묻어주는 친절을 베풀어 당시 고고학자였던 구스타프 스웨덴 왕자가 금관을 발굴해낸 것처럼 연출했다. 그리고 여기에 더해 평양박물관 특별전을 개최한 후 뒤풀이 과정에서 연회에 참석했던 기생들에게 금관을 씌워 기념촬영까지 했다. 문화주권이 우리에게 없었던 까닭에 일어난 비극이다.

충북대학교박물관 전시실

유적지 별로 발굴품이 잘 정리·전시되어 있다. 충북대학교는 1970년 개관하여 1975년 대청댐 수몰 지역 조사를 시작으로 청주 신봉동 백제 고분군, 단양 수양개 유적, 청주 봉명동 유적 등을 발굴했다. 구석기 유물로는 아시아 최대 규모라는 평가를 받는다.

이제 다시 학창시절 방문한 박물관의 전시실을 떠올려보자. 의미 없는 좌우로 정렬 상태의 유물들이 우리에게 들려주는 속 이야기가 들리는가. 남의 손을 빌리지 않고 세상 밖으로 나왔다며 으스대는 유물들의 당당한 표정이 보이는가.

한국 전통의 美를 널리 알려라

1960년대 정부는 문화예술을 중흥하고 민족문화의 기반을 쌓는다는 기치 아래 종합민족문화센터의 건립을 추진했고, 그 일환으로 새로운 국립박물관이 1972년 개

경복궁 내 국립민속박물관(현재)

불국사, 법주사, 금산사 등 여러
전통건축양식을 모방하였다.

관하게 된다. 박물관의 건물(현재 국립민속박물관)은 민족주체성의 확립, 전통과 진보의 조화를 통한 새로운 민족문화의 창조라는 취지에 걸맞게 기단층은 경주 불국사의 청운교와 백운교(국보 제23호)의 모양을 도입했고 상부의 5층 건물은 법주사 팔상전(국보 제55호)을 본떴으며 건물의 측면은 금산사 미륵전

(국보 제22호)에서 디자인을 가져왔다. 애초 박물관의 건물 자체가 문화재의 외향을 모방해야 한다는 것이 문화재관리국의 건설 조건이었다. 문화계와 언론계에서는 건축의 창의성을 무시하는 처사이며 단순한 모방으로 전통을 왜곡할 수 있다는 비판이 쏟아져 나왔다. 당시 주요 건축가들은 문화적 만행이라 지적하면서 건축 공모에 불참하기도 했다. 그러나 전통 건축물들을 짜 맞추어 만들라는 건설규정은 철회되지 않았고 그대로 적용되었다. 디자인적으로 비난받을 수밖에 없는 조화롭지도 아름답지도 않은 건축물, 지금도 대한민국에 존재하는 '꼴불견 건물 1위'로 꼽힌다.

그런데 가만히 이 건물을 바라보고 있노라면 비난할 마음에 앞서 무척이나 슬픈 기분이 든다. 누가 볼까봐 창피해서가 아니라 전통에 대한 집착이 얼마나 우리 사회를 경직시켰는지 보여주는 산물이기 때문이다.

당시 박물관의 전시주제를 보면 한국 문화의 정체성과 고유성을 보여주고자 기획된 것들이 많다. 한국근대회화백년(1987년), 조선 목공예(1989년), 한국고인쇄(1990년), 단원 김홍도(1995년)와 같은 특별전시를 그 예로 들 수 있다. 실크로드전과 알타이문명전처럼 해외문화유산을 다룰 때에도 한국문화사와 연계하여 조망하는 방향으로 구성되었다. 여기에는 한국적인 것이 가장 세계적인 것이라는 인식, 우리의 전통문화가 가장 아름답다는 신앙에 가까운 믿음이 한몫했다.

한국의 전통문화를 강조하기 시작한 것은 1960년대부터이다. 독재정권은 사회 불만을 잠재우기 위한 수단으로 전통문화를 내세워 우리는 한민족이므로 분열하지 말고 단결해야 한다고 호소했다. 유달리 담배갑 디자인에 전통적인 요소가 많이 들어있었던 것도 이런 이유에서이다. 거북선, 한산도 등 이순신 장군 관련소재(애국심 강조) 그리고 첨성대, 금관 등 신라 관련소재(화랑의 희생정신 찬양)는 정부가 강조한 전통이었으며 남대문은 전 박정희대통령이 가장 먼저 보수한 문화재이다.

전통적인 소재의 담배갑 디자인

88올림픽 개막식 장면

문화의 선진화와 국제화를 목표로 '세계와 차별화된 한국 이미지 찾기'에 주력했다.

여기에 더해 1980년대에는 아시안게임과 올림픽이라는 국제적인 행사가 있었다. 세계에서 제일 가난했던 한국이 세계와 어깨를 나란히 하는 자랑스럽고 강대한 나라임을 모두에게 증명해 보여야 했다. 올림픽을 앞두고 새벽종이 울렸네~라는 이장님댁 스피커 노랫소리에 맞춰 초등학생들까지 마을 회관에 모여 맨손 쓰레기 줍기와 꽃길 가꾸기라는 선진화 사업에 전력을 다했다. 한국을 해외에 알릴 수 있는 세계적이면서도 가장 한국적인 것이 무엇인지에 대한 고민도 이어졌다. 그러나 단기간 졸속으로 만들어진 한국성은 오리엔탈리즘을 벗어나지 못한 채 전통과 여성이라는 소재를 부각시켜 한국의 이미지로 선전하게 된다.

한국의 미(1988년) 한국의 미 (1988년) 전통미술의 세계 (1988년) 고려청자명품 특별전(1989년)

박물관에서도 이러한 시대 움직임과 함께 한국의 전통 미(美)를 강조하는 전시회를 활발히 개최한다. 1988년 국립박물관의 전시도록을 보면 한국의 전통, 특히 여성들의 일거리로 이해되는 보자기를 표지에 실은 것들이 눈에 띈다.

올림픽 이후 1990년대에도 소위 세계적인 명품이라 불리는 고려청자, 불교조각, 삼국시대 금속공예품을 다루거나 또는 선사시대 고대유물을 전시함으로써 한국인들의 우수성 피력과 뿌리 찾기에 집중하는 경향을 보인다. 관람객들에게 '국보=좋은 것=비싼 것=얼마?'의 공식이 성립하게 된 것도 무리가 아니다. '신토불이, 우리 것이 좋은 것이여!'란 박물관 전시의 목표가 제대로 달성됐다고도 볼 수 있다.

전통을 강조하면 할수록 박물관에 전시되어 있는 전통 문화유산들은 관람객들과 멀어졌다. 한국의 전통문화는 세계 최고이고 너무나 위대하므로 가치를 논하거나 아름다움을 평가하는 불경스런 일을 저지를 수 없기 때문이다. 우리는 모두 애국자 아니던가. 그래도 불만은 없다. 우리의 전통문화는 고품격을 자랑하기 때문에 어렵게 적혀 있어야 오히려 어깨가 으쓱해진다. 아래는 조선 초기 매병에 대한 유물 설명이다. 빨간 팬을 들어 모르는 단어에 동그라미를 쳐보자. 수없이 많은 동그라미가 생겨날 것이다.

분청사기 모란당초무늬 매병
국립진주박물관 소장

고려말 청자의 여운이 남아 있는 조선 초기 매병이나 조선화(朝鮮化)가 뚜렷이 진행된 형태이다. 동체는 상동부에 비해 하부가 빈약한 편이다. 문양은 횡선문(橫線紋)으로 3분(分)하고 종속문으로 견부에는 S자형 화판문, 아래에는 판단(瓣端)이 뾰족한 중판(重瓣)의 연판문대(蓮瓣紋帶)를 힘차게 조화(彫花)하였다. 중앙의 넓은 문양면에는 커다란 모란(牧丹)을 상향 또는 하향으로 세 곳에 배치하고 당초(唐草)로 연결하였는데 힘찬 각선은 능숙하다. 배지(背地)는 비교적 얇게 깎았으나 고운 분장의 문양과 잘 대비되어 있다. 태토(胎土)는 사립(砂粒)이 포함되어 있으며 옅은 회청색의 유면(釉面)에는 가는 빙열(氷裂)이 있다. 굽 안바닥은 노태(露胎)이며 접지면에 내화토를 받친 흔적이 있다.

　박물관의 주인은 관람객들이다. 특히 국립박물관들은 세금으로 운영된다. 라면 한 봉지를 사먹어도 세금이 붙는데 세금을 내는 나에게 박물관은 너무 불친절하다. 한국의 전통미를 알리는 일도 좋지만 관람객들이 이해할 수 없는 박물관 콘텐츠라니, 슬슬 억울한 마음이 올라온다.

교육기관으로서의 박물관, 수학여행의 꽃이 되다

우리는 왜 그 시절 박물관으로 수학여행을 가야만 했을까? 선생님들께 왜 수행여행지로 박물관을 택했는지 물어보지 못한 탓에 그 속내를 알 수는 없지만, 1980년대는 박물관이 본격적인 교육활동을 벌인 시점이다. 물론 일제 강점기에도 학생들이 이왕직박물관을 찾았다는 기사가 있고(光高生旅行感想(광고생여행감상), 『동아일보』, 1922. 7. 12.), 1940년대에도 일반인들을 대상으로 '미술강좌'를 개최했다. 1970년대에는 주한 외국 부인들을 위한 문화강좌가 있었고, 정기적으로 개설되는 특설강좌를 마련하여 박물관교육이 평생교육 시설로 자리매김하는 계기도 마련되었다.

그러나 동호인이나 전문가를 위한 학술강연회, 교사를 위한 박물관 강좌, 정기적으로 진행되는 특설강좌, 어린이 박물관 현장학습, 청소년 문화강좌 등 다양한 교육의 틀이 잡힌 것은 1980년대이다. 초중고생들을 위한 박물관교육의 필요성 제기도 이때부터 본격화되었다.

학교교육의 보강과 더불어 그 부족함을 박물관에서 매우거나 보충할 수 있도록 해야 한다고 본다. 이를 효과적으로 하기 위해서는 <u>초·중·고등학교 학생들의 박물관 탐방을 더 적극화시켜야</u> 할 것이다.

– 安輝濬, 「博物館과 國民敎育(下)」, 『박물관신문』 제133호, 국립
  중앙박물관, 1982.

　박물관 관람이 수학여행의 필수코스가 된 까닭, 그 실마리를 위의 글에서 찾아볼 수 있다. 이럴 수가! 교장선생님을 원망할 일이 아니었던 것이다. 박물관이 교육시설로 급부상하면서 박물관 견학은 학생들의 의무처럼 되어버렸다. 이러다보니 박물관과 수학여행은 신문 기사거리로도 종종 다루어졌다. 이 가운데 학생들이 수학여행을 신혼여행이나 효도관광처럼 명산대천으로 가는데 그 버릇 때문에 어른이 돼서도 여행을 노는 것으로 안다며 수학여행의 목적지는 자아발견이 가능한 박물관으로 해야 한다는 1985년 동아일보의 기사 글이 눈에 띈다(수학여행 유감(有感), 『동아일보』, 1985. 11. 1.). 또 그렇지 않아도 재미없어 죽겠는데 1989년부터 박물관이 청소년들에게 입장료를 받지 않는 혜택을 베풀어(博物館(박물관) 靑少年(청소년) 많이 찾는다, 『경향신문』, 1989. 3. 9.) 박물관에 보내

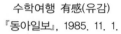

수학여행 有感(유감)　　　博物館(박물관) 靑少年(청소년) 많이 찾는다
『동아일보』, 1985. 11. 1.　　　　　　『경향신문』, 1989. 3. 9.

는 부모님들을 기쁘게 했다. 어째 됐건 간에 박물관에 가면 뭐라도 아이들이 배울 수 있겠거니 하는 막연한 믿음에 더해 공짜라니 더할 나위없는 수학여행지로 여겨졌을 것이다. 만약 박물관 관람료가 발레공연만큼 비쌌다면 여러분들은 10번에 7~8번은 박물관 견학을 안 해도 됐을 뻔했다.

학생들이 박물관을 많이 찾으면서 박물관 역시 학생 관람객마저 준비에 나섰다. 1999년 한겨레신문에는 학생들을 위한 박물관 전시해설 시간을 따로 마련해 두었으므로 학생들이 이를 이

산교육의 현장 박물관
『한겨레』 1999. 2. 4.

용할 수 있도록 일선 교사들의 적극적인 참여를 바란다는 내용의 글이 실려 있다(산교육의 현장 박물관, 『한겨레』, 1999. 2. 4.).

우리는 봄과 가을 몇일 동안에 정해진 명산대천을 찾아 전국의 초중고생들이 떼를 지어 이동하는 형식적이고 획일적인 수학여행을 실시하고 있다. 그건 아우성 속에서 눈으로 보고 몸으로 노는 연례행사에 지나지 않는다. 그 버릇 때문에 성인이 되어서도 여행이란 눈으로 구경하고 몸으로 즐기는 것이라는 슬픈 통념을 갖고 있다. 여행이란 자아 발견이라는 의미를 가져야 한다... (중략)...계절의 폭을 넓혀 사시사철로 하고 목적지는 박물관 전시장 역사의 현장 등으로 확대하고 인원을 학급단위 혹은 소집단으로 구성하는 방법도 있다.

— 수학여행 有感(유감), 『동아일보』, 1985. 11. 1.

18세 이하의 학생과 생산직 근로자에 대한 국립박물관 및 미술관의 무료개방 조치가 큰 호응을 얻고 있다. 자라나는 청소년들에게 문화혜택의 폭을 넓혀주기 위해 문공부가 지난 1일부터 시행한 이 조치는....(중략)...무료 관람 대상의 대부분을 차지한 학생들은 이

기간 동안 좋은 관람 질서를 유지, 역사 교육장으로서
의 효과를 한층 높여 주었다.

– 博物館(박물관) 靑少年(청소년) 많이 찾는다, 『경향신문』, 1989.
　3. 9.

국립중앙박물관에는 소정의 교육을 받은 자원봉사자들
이 항시 대기하고 있다. 요즘과 같이 특별기획전에는 매
일 봉사자들이 해설을 곁들여 감상을 돕고 있으며, <u>학생
들을 위한 토요 전시실 수업은 호응도가 높아</u> 이용하는
학교가 매년 늘어나고 있다. 어떤 중학교에서는 특별황
동 시간을 할애하여 오기도 하고, 경주로 수학여행을 가
기 전 매년 전시실 수업(삼국실)을 받고 떠나는 학교도
있다…(중략)…일선 교사들의 적극적인 참여를 바란다.

– 산교육의 현장 박물관, 『한겨레』, 1999. 2. 4.

1980~90년대　박물관　견학이
지루했던 자, 안도의 한숨을 쉬어
도 좋다. 요즘은 박물관 관람이
아예 미술교과서에 실려 있다. 교
육과학부 고시 2011-361호[별책1]
『미술과 교육과정』에는 초등학교

(2009년 개정) 고등학교
미술교과서, 천재교육 출판사

5~6학년 미술 감상 지도를 위해 '박물관, 미술관, 전시장 등을 가능한 한 학기에 1회 이상 관람하도록 한다.'고 되어 있다. 다행이다. 필자는 일찍 태어난 덕분에 수학여행 때만 박물관에 가면 족했다.

지금까지 학창시절 수학여행지 중 하나였던 1980~90년대 박물관에 대해 이야기했다. 경제발전의 성과물이기도 한 발굴품들이 나열되어 있었고 스토리텔링을 고려한 관람객 중심의 전시 환경은 아니었다. 우리들에게 필요에 의해 만들어진 '한국의 전통성'을 주입시킨 장본인이기도 하다. 그러나 박물관이라는 곳은 친구들과 지루함을 함께 나누었던 추억의 공간이다. 또한 자발적 방문이냐 아니냐를 차치하고 박물관 관람으로 인해 진정성 있는 다양한 인류의 문화유산들이 모여 있는 역사적 현장을 경험할 수 있었다는 것만큼은 부인 할 수 없으리라.

그땐 그랬지,
국민학교 어린이 생활 탐구!

이영주

　때로는 새것보다 옛것이 좋을 때가 있다. 옛것에는 지나온 시간만큼 익숙함이 묻어있고, 그리움이 스며있으며, 그와 관련된 스토리가 있다. 또한 시간이 지날수록 떠오르는 기억들은 잔잔한 향수를 불러일으킨다. 서로 모르는 사이라고 해도 같은 시대를 살아온 것만으로도 친근함이 느껴지기도 하는데, 그것은 같은 추억을 공유하고 있기 때문일 것이다. 그 추억들을 소환해 내어 이야기하다 보면 어제 일도 잘 기억 못할 정도로 바쁜 일상을 살아가는 현대인들에게 이런 뛰어난 기억력이 있었나 하며 놀라게 만든다.

　2016년 3월 1일은 '국민'학교에서 '초등'학교로 명칭이 바뀐 지 20년 되는 날이었다. 1996년 이전까지 어린이들은 '국민'학생으로서 '국민'학교를 다녔다. 어쩌면 '국민'학교에서 '초등' 학교로의 명칭 변경은 세대를 가르는 용어가 되어 버린 셈이다. '국민'학교든 '초등'학교든 어린이들이 생활하고 학습하는 공간이라는 점에서는 크게 다를 바 없지만 개인적으로 온전히 '국민'학교를 다녔던 사람으로서 초등학교의 옛 이름 '국민학교'에 대해 이야기 해 보려고 한다.

'국민'학교에서 '초등'학교로

우리는 '국민학교'라는 명칭을 54년 동안 사용하였다. 그런데 왜 '국민'학교에서 '초등'학교로 명칭을 바꾸게 되었을까. 그 이유는 '국민학교'의 '국민'이 '국민의, 국민에 의한, 국민을 위한 정부'에서의 '국민'이 아니었기 때문이다.

'국민학교'에서의 '국민'은 흔히 떠올리는 '한 나라의 구성원들'이라는 의미가 아니다. '국민학교'라는 명칭을 쓰기 전에는 근대 교육이 시작된 직후부터 사용하던 명칭인 소학교가 있었다. 소학교는 1906년에 보통학교로, 1938년에 또 다시 소학교로 명칭을 바꾸어 아동교육을 이어 나가게 된다. 하지만 1941년 일제강점기 일본의 국민학교령에 의해 '국민'학교로 바뀌게 되는데, 그때 '국민'은 '황국신민', 즉 '국민학교'는 '황국신민을 길러내는 곳'이라는 의미였다.

하지만 우리는 해방 후에도 일제강점기의 초등교육기관 명칭인 '국민'학교를 버리지 못하고 계속 사용하였다. 그러다가 1993년 '국민학교 명칭을 고치는 모임' 등 민간단체 세 곳에서 일제 잔재의 청산과 민족정기를 바로 세워야 한다는 목적으로 '국민'학교 명칭부터 바꾸어야 한다는 의견이 제기되었다. 그러나 그 시작과 취지에 모든 사람들이 동참한 것은 아니었다. 여기저기에서 반대 의견이 쏟아져 나왔다. 현판, 학교 직인, 각종 서식 변경 등으로 20억 8천만 원 정도의 예산이 소요된다, 이미 반세기 이상 써 왔으니 익숙한 용어를 그대로 쓰자, 마땅한 대안 명칭이 없다, '국민'이라는 용어는 이미 현대적 의미로 재해석 되었으니 바꿀 필요가 없다 등의 이유에서였다. 그러나 이후 여론 조사를 통해 61.9%가 명칭 변경에 찬성하게 되어 '국민학교'에서 '국민'을 떼어내게 된다.

드디어 '국민'을 떼어 내게 되었지만 그것을 대신할 새로운 명칭이 필요했다. 대안으로 떠오른 것은 '기초학교', '어린이학교', '소학교', '초등학교', '새싹학교', '으뜸학교' 등이었는데, 이중 '초등학교'를 선호하는 비율이 45.6%로 가장 높았다고 한다. 그래서 '국민'학교에서 '초등'학교로 바뀌게 된 것이

다. 1996년 신입생 입학을 앞
둔 3월부터였다.

그런데 아이러니한 것은
일본이 우리보다 훨씬 앞서
1947년에 소학교로 명칭을
바꾸었다는 사실이다. 그러
고 보면 우리는 일본보다 오
래 '국민'학교를 다닌 셈이다.

○○국민학교였던 현판을 ○○초등
학교로 교체하며 축하하고 있는 모
습 (『경향신문』, 1996. 3. 1.)

가슴에는 콧물 손수건을 달고

처음으로 학교에 갔던 날을 떠올려 보자. 대부분의 사람들
은 학교에 가기 몇 달 전부터 새로 산 가방과 신발을 보며 학
교 다닐 생각으로 들뜬 마음을 주체하지 못했던 기억이 있을
것이다. 이렇게 매년 3월이면 두근거리는 마음으로 부모의 손
을 잡고 처음으로 학교에 가는 1학년 어린이들이 있다. 운동
회, 체육대회, 신체검사, 소풍 등 여러 학사 일정들이 있지만
특히 입학식은 온 가족이 함께 모여서 축하하며 기뻐해 주는
자리라고 할 수 있다.

국민학교 1학년이 된 어린이들이 교사의 "앞으로 나란히, 차렷!" 구호에 맞춰 서 있는 입학식 풍경에는 하얀 손수건이 있다. 옷핀으로 왼쪽 가슴에 손수건을 꽂고 학년, 반, 성명이 적힌 이름표를 달았다. 세로로 긴 직사각형 모양으로 반듯하게 접은 하얀색 손수건. 그 시절에는 코흘리개들이 많아서였을까. 그 손수건으로 콧물을 닦으라는 의도였지만 손수건이 있어도 연신 콧물이 흐를 때마다 버릇처럼 소매에 쓱 문질러 버리는 아이들이 대부분이었다.

매년 입학식 몇 주 전부터 신문에는 국민학교 입학을 앞둔 아이들에게 준비해야 할 사항에 대한 기사가 실렸다. 1988년 2월 24일 경향신문을 보면 '콧물을 닦을 수 있게 손수건을 챙겨준다.'는 내용이 있다.

왼쪽 가슴에 하얀색 콧물 손수건을 달고 입학식에 참석한 아이들

또한 단체 생활에서 유의해야 할 행동들에 대한 내용도 많았다. 지금의 어린이집이라고 할 수 있는 '새마을유아원'에 다녔던 아이도 있었지만 당시 대부분의 아이들은 부모 곁을 떠나 단체 생활을 하는 것이 처음이었다. 그래서 학교는 즐거운

곳이며, 선생님은 무서운 분이 아니라는 인식을 입학 전부터 심어 주어야 했다. '국민학교'는 어린이들이 처음 겪는 일상의 변화이면서 공동생활의 시작이었던 것이다.

그때 그 시절에는 부모가 어서 자라고 재촉하지 않아도 매일 저녁 9시가 되면 "어린이 여러분, 이제 잠자리에 들 시간입니다."라며 취침을 권유하는 방송이 뉴스 시작하기 전 흘러 나왔다. 잠꾸러기 없는 새나라의 어린이어야 했으니까 모든 어린이들이 그 시간을 지켜서 잠자리에 들었다. 그러나 고학년이 될수록 그럴 수가 없었는데 그것은 많은 숙제 때문이었다. 숙제를 하느라 시간을 지켜 일찍 잠자리에 들 수 없는 아이들의 일상은 지금이나 예전이나 마찬가지인 것이다.

응답하라! '국민'학교 콩나물 교실

요즘 초등학교는 학년 당 학생 수 뿐 아니라 학급 수가 그때 그 시절 '국민학교'에 비해 절반 이상 줄었다. '국민학교' 교실은 '콩나물 교실'이었다. 콩나물 교실은 우리나라에서 한 학급에 많은 학생 수가 밀집되었다는 의미를 나타내는 말로, 좁은 교실에 학생들이 빽빽하게 앉아 있는 풍경이 콩나물시루를 연상시킨다고 해서 붙여진 것이다. 그도 그럴 것이 한 반에서 공부하는 아이들이 무려 70명에 가까울 정도였다. 현재 초등학교 한 반 학생 수가 30명이라고 치더라도 두 반을 합쳐 놓은 숫자보다 많은 것이다. 심지어 학년마다 학급 수도 12개였다. 그러고 보면 교실에서 함께 생활하며 당시 그 많은 아이들의 이름을 외우고 통제했던 선생님들이 새삼 존경스럽게 느껴진다.

1980년대 국민학교 저학년은 오전반, 오후반으로 나눠서 등교하는 2부제 수업이 있었다. 교실은 부족하고 학생 수는 많으니 나눠서 수업을 할 수밖에 없었던 것이다. 오전반 아이들이 점심시간 전에 수업을 마치고 귀가하면 오후반 아이들은 가정에서 점심을 먹고 등교하는 방식이었다. 당시 오전반, 오후반 등교는 일부 학교에만 해당했던 것이 아니라 전국적인 현상이었다. 한 학교에 학생 수가 너무 많다 보니 단체로 전학을 가게 되는 일도 발생했다. 인근 지역에 새로 학교가 세워졌는데 학생들 중에 일부를 그 학교로 전학시킨 일이었다. 심지어 학기 중에 10개였던 학급 수를 12개로 늘리는 바람에 반을 옮겨야 했던 일이 생기기도 했다.

아이들은 두 명이 같이 사용했던 긴 나무 책상과 의자가 빼곡하게 채워져 있는 교실에서 수업을 들어야 했다. 교실 가운데에 난로를 설치했던 겨울이면 그만큼 교실은 더욱 좁아질 수밖에 없었고, 그 때문에 아이들끼리 자리를 놓고 티격태격하는 일이 잦았던 것 같다.

오전, 오후로 나뉘어 북적북적하던 교실의 모습은 1990년대 초부터 학령 인구가 줄어들면서 자연스럽게 해소되게 된다. 지역마다 차이는 있었지만 1997년 무렵에는 서울에서 2부제 수업을 하는 국민학교가 단 네 곳밖에 남지 않을 정도로 사라져 버렸다고 한다.

국민학교 때처럼 2부제 수업까지는 아니라도 현재 초등학교가 어린이들로 북적이면 참 좋을 것 같다는 생각을 잠시 해 본다. 교사 1인 당 학생 수는 줄어야 되지만 전체 학생 수가 줄어드는 것은 너무나 아쉬울 따름이다.

추억의 도시락을 열면

시대를 막론하고 학교생활 중에서 가장 기다리고 즐거워하는 시간이 언제냐고 묻는다면 아이들은 거의 '점심시간'이라고 대답할 것이다. 지금은 학교마다 급식이 있기 때문에 아이들 등교 시키며 도시락을 싸는 어머니의 모습을 보는 것이 드물다. 하지만 국민학교 시절 아이들은 손에 도시락 가방과 신밥 주머니를 들고 학교로 향했다.

　점심시간이면 삼삼오오 모여 각자의 도시락을 펼쳐놓고 친구들과 반찬도 나누어 먹곤 했다. 당시 가장 인기 있던 반찬은 비엔나소시지. 적당히 칼집을 내어 데쳐서 뻗친 단발머리 모양이 된 비엔나소시지를 케첩에 찍어 한 입 베어 물면 뽀득뽀득한 소리를 내어 맛을 더했다. 지금은 더 맛있는 반찬들도 많지만 그때 도시락 반찬으로 소시지를 싸 가지고 가면 도시락 뚜껑을 열면서부터 어깨가 으쓱했다. 비엔나소시지보다 좀 더 저렴하면서도 대중적인 것이 분홍 소시지였는데, 계란을 풀어 동그란 분홍 소시지를 노릇노릇하게 부친 반찬도 인기였다. 밥 위에 계란 프라이까지 얹어있는 날이면 친구들이 부러워할 정도였으며 도시락 반찬이 콩자반이나 김치 같은 인기 없는 반찬이었을 때는 도시락 뚜껑을 열기가 부끄러울 정도였다. 숟가락, 젓가락을 따로 가지고 다니기도 했지만 대부분의 아이들은 숟가락과 포크가 하나로 된 포크숟가락을 사용하여 밥을 먹었다. 어느 날은 선생님이 돌아다니며 밥그릇을 검사하기도 하였는데, 흰 쌀밥을 싸온 친구들은 어김없이 지적을 받았다. 그리고 그 다음 날에는 콩이나 보리를 섞은 밥을 싸와야 했다. 아마도 80년대 이전에 나라에서 장려했던 혼식하기가 규칙으로 남아있던 것이 그 이유였을 것이다.

겨울이 되면 점심시간 풍경이 조금 달라졌다. 조개처럼 생긴 석탄을 연료로 넣어서 조개탄 난로라고도 불렀던 연통 난로가 교실 가운데 설치되었는데 그 위에 양은 주

재현해 놓은 국민학교 교실의 모습

전자가 놓여 있었다. 선생님이 볶은 보리 한 줌을 물이 든 주전자 안에 넣고 점심시간이 될 무렵 난로의 열기로 주전자 물이 끓으면 밥을 먹고 난 후에 아이들은 한 줄로 서서 선생님이 따라 주는 따뜻한 보리차를 자신의 밥그릇에 받아서 마시곤 한 것이다. 다 같이 마시는 보리차였기에 더 따뜻하고 기분 좋은 한 모금이었던 것 같다.

바르고 슬기로운 어린이들의 즐거운 생활

지금의 초등학생들이나 예전의 국민학생들 모두 학년이 올라갈수록 늘어나는 과목만큼이나 학습에 대한 고민이 많은 것이 사실이다. 학교 공부와 숙제는 입학을 한 이후부터 늘 따라다니는 걱정거리이다. 그 걱정은 학부모들의 몫이기도 하다.

1984년 2월 16일 동아일보 기사에서 "··· 학부모들에게는 입학 전에 어린이에게 한글과 숫자 등을 가르치는 것이 좋을지 어떨지가 커다란 문제 중의 하나. 사실 많은 어린이들이 입학 전에 글자를 알고 있고 또 한 반 학생이 70여명이나 되는 우리의 현실에서 글자를 미리 알고 있다는 것은 도움이 될 수도 있다. 그러나 보다 중요한 것은 학교에서 가르치는 것을 잘 받아들일 수 있게 준비를 시켜주는 일이다. 주의해서 선생님의 말뜻을 잘 알아듣는 것과 좌우를 구별하고 색깔이나 물건의 이름들을 바로 알고 10까지의 수를 셀 수 있으면 학습 준비로 충분하다.···"라는 내용으로 짐작해 볼 때, 교육열은 그때나 지금이나 마찬가지였던 것 같다.

국민학생들의 교실에 붙어 있는 시간표에는 '국산사자'라는 글자가 있었다. '국산사자' 마치 국산품을 구매하자는 의미로 받아들여지는 말이지만 국민학생들의 학습 과목인 '국어, 산수, 사회, 자연'의 첫 글자만 따온 것이다. 지금의 '국수사과'(국어, 수학, 사회, 과학)와 동일한 과목이었다.

국민학교 1, 2학년들은 문교부에서 발행한 국정교과서 '바른 생활'과 '슬기로운 생활', '즐거운 생활'로 공부했다. '문교부'는 교과서에 관한 업무 등을 담당하던 기관이었는데, 교과의 상호연관성을 고려하여 교과서를 하나로 통합하였다. 국어,

사회, 도덕은 '바른 생활'로, 산수, 자연은 '슬기로운 생활', 체육, 음악, 미술은 '즐거운 생활'로 3권의 교과 체제였다. 1학년들은 학교 적응을 위한 '우리들은 1학년'이라는 교과서가 있기도 했다. 참 정겹게 느껴지는 교과 명칭이었지만 이 3권의 통합 교과 체계는 '어린이들의 기초 언어와 수리 교육에 부적합하다'는 이유로 1989년 5차 교육과정부터 국어와 산수 과목을 분리하였다고 한다. 이로 인해 과목 수가 늘어나게 되어 덩달아 아이들의 학습 부담도 늘어났을 것이다.

1983년 4차교육과정 교과서와 자연 교과서, 그리고 1981년 탐구생활 교재

또한 국민학교 때의 추억하면 빠지지 않는 것 중에 하나는 바로 '탐구생활'이다. 지금의 EBS인 KBS 제3라디오에서 전국의 어린이들의 숙제를 위해 방송을 하였다. 학년 별로 시간대가 나눠져 있었는데 국민학생들은 아침마다 라디오를 들으며 탐구생활을 풀었다. 이 탐구 생활은 오전에 방송을 듣지 못한

어린이를 배려하여 오후에도 들을 수 있게 했었지만 나중에는 문방구에서 탐구생활 해답지를 팔기도 했다. 그래서 스스로 학습하는 수고 없이 답을 다 베껴 가는 아이가 생기며, 그 후 이 탐구생활은 몇몇 학교에서 '방학생활'이라는 이름으로 이어오다가 1998년부터 사라지게 된다.

그러고 보면, 국민학생들도 지금의 초등학생 못지않게 학기 중에나 방학 중에나 교과 학습으로 바쁜 일정을 보냈었다. 누구나 표준전과나 동아전과 같은 참고서를 옆에 펴놓고 숙제를 했던 기억이 있을 것이다.

채변 봉투와 폐품 수거도 숙제

"숙제 했니?"라는 물음은 예나 지금이나 어린이들에게 따라다니는 잔소리이지만 국민학교 시절 정말 하기 싫은 숙제가 있었다. 그것은 '채변 봉투 가져오기'였다. 채변은 기생충 검사를 위해 변을 받는 것이다. 일 년에 한두 번 학생들은 빈 봉투를 학교에서 받아와서 행사를 치러야 했다.

채변 봉투는 1960년대부터 1990년대 초반까지 이어져 온 학생 단체 기생충 검사를 위한 것이었다. 왜 대변 검사를 병원이 아닌 학교에서 했었나 생각할 수도 있지만 학교에서는 그것을 모아서 현재 한국건강관리협회인 한국기생충박멸협회로 보냈다. 당시는 개인 위생에 철저했던 때가 아니었다. 채변 봉투 이외에도 머릿니 검사와 손톱에 때가 있는지를 검사하기도 하였으니 말이다. 지금은 물티슈도 있고, 물 없이 손을 씻을 수 있는 소독제도 있으니 무척 좋아졌다고 할 수 있다.

변을 담는 종이 봉투 안에는 투명 비닐 봉투가 한 장 들어 있었는데 나무젓가락으로 자신의 그것을 비닐에 밤알 크기만큼 담고 성냥불로 비닐 입구를 그을려서 벌어지지 않게 붙였다. 학교에 가져가기 위해 그 전 날 거사를 치러야 했으므로 교과서와 함께 가방에 조심스럽게 넣었어도 눌리기 일쑤였다. 그래서 일부 학생들은

채변 봉투. 맨 아래 "어린이 사랑은 기생충 예방부터"라는 문구가 눈길을 끈다.

아예 손에 들고 등교하기도 하였다. 교실에 오자마자 선생님 책상 위 바구니 안에 일명 '똥봉투'를 넣었던 기억이 있다. 그리고 몇 주가 지나면 선생님은 검사 결과를 알려 주셨다. 우리 반에는 "기생충이 있는 친구가 없어요"라고. 하지만 쉬는 시간이면 선생님 앞에서 물컵을 들고 하얀 알약을 삼키는 아이가

매년 한 명쯤은 있었던 것 같다. 심지어 기간을 주고 걷지 않고 반 아이들 모두 일괄적으로 단 하루 같은 날 내야했기 때문에 다른 가족의 것을 자기 것인 양 가져갈 수밖에 없는 상황도 있었다. 그만큼 채변 봉투는 당시 아이들이 필수적으로 꼭 해야 하는 숙제였다.

한편, 채변 봉투를 가져가는 것만큼이나 집안을 떠들썩하게 만들었던 또 다른 숙제는 '폐품 가져오기'였다. 어떤 때는 폐품이 책을 넣은 가방보다 더 무거웠다. 시간표에 미술, 음악 시간이 들어 있는 날에는 부모가 폐품을 들고 아이와 함께 등교하는 풍경도 볼 수 있었다. 왜냐하면 미술 도구와 탬버린 같은 악기, 실내화 가방, 도시락 가방 등을 들고 폐품까지 들 수가 없었기 때문이다. 등교하면서도 서로의 폐품 크기를 비교하기도 했다. 더 많이 가져가는 아이를 부러워하기도 했던 것 같다. 가정에서 국민학교에 다니는 학생이 둘 이상이면 나눠서 가져가야 했기 때문에 서로 다투기도 했다. 폐품에는 신문 뿐 아니라 전과, 아동 잡지 등도 해당 되었다.

폐품 수거는 8,90년대의 어린이들만의 추억은 아니다. 1973년 2월 17일 경향신문에 "…학생을 위시한 일부 국민들에게까지 검소와 절약의 습성을 함양하고 폐품을 이용하여 일상 생활 주변에 보탬을 주는 습관을 생활화하는 데 좋은 계기가 될 것을 확신한다. 학교 일과에 지장이 없는 한도에서 여가를 이용하여 고철이나 휴지를 수집하고 이를 매각해서 학생들의 저축이나 복지기금으로 활용토록 하는 것은 자조 자립의 뜻을 심어주는 효과도 적지 않으리라고 본다. 또 전국의 새마을마다 이 같은 운동을 벌여서 마을의 공동이익에 보태 쓰도록 하겠다는 것도 매우 좋은 취지라고 하겠다.…"라고 문교부 관계자의 말이 실린 것으로 보아 70년대부터 쭉 이어져 온 국민학생들의 숙제였던 것이다.

1986년 12월 16일 경향신문에서 폐품 수집이 우수한 학교에 시상을 했다는 단신 기사도 살펴 볼 수 있다. 학교는 폐품을 수거하여 다시 활용하거나 고물상에 팔아서 저축하는 일에 앞장섰던 것이다. 하지만 일부 학교에서 폐품이 아닌 돈을 걷는 일이 생겨 물의를 빚기도 했다고 한다.

여러모로 폐품 가져오기 숙제는 아이들의 작은 손과 마음까지 무겁게 했던 숙제였던 것이다.

땡볕 아래 운동장에서

국민학교 1학년부터 6학년까지 전교생이 대열을 이루어 "앞으로 나란히! 차렷! 열중 쉬어!" 구령에 맞춰서 운동장에 쭉 늘어서 정해진 절차에 따라 단체 조회를 해야만 하기도 했다. 일주일에 한 번 등교 하자마자 전교생이 운동장에 모여 꽤 긴 시간을 서 있어야 했는데 그것을 '애국조회'라고 불렀다.

국기에 대한 맹세와 애국가 제창, 교장 선생님의 훈화, 교가 제창까지 한 시간 가량 이어진 탓에 땡볕이 내리 쬐는 날이면 오래 서 있던 아이들이 구토를 하거나 빈혈로 쓰러지기 일쑤였다. 지금 생각해 보면 어린 아이들에게 참 혹독한 시간이었다.

1990년대는 바뀌고 있던 사회적 인식을 학교 제도나 형식에 반영하여 크게 변화를 꾀하는 부분이 늘었지만, 1980년대는 그야말로 6,70년대의 모습을 그대로 딱 옮겨놓은 듯한 모습이었던 것이다.

애국가가 거리에 울려 퍼지면 가던 길을 멈추고 국기가 있는 방향을 보고 오른손을 왼쪽 가슴에 얹고 부동의 자세를 취해야 하기도 했다. 국기게양·강하식은 1978년 10월부터 전국적으로 확대 시행되었지만 국기 앞에서 존엄성을 지키고, 국민이 국기에 대해 올바른 인식을 갖게 하기 위하여 현행 경례방법을 제도화 하였다. "4~9월은 상오 6시, 하오 6시, 10월부터 다음해 3월까지는 상오 7시와 하오 5시, 국기 게양 및 강하식 때는 구내의 승용차는 모두 정지하고 탑승자는 전원 내려야 하며 대형차 탑승자는 내리지 않은 상태서 차렷 자세"를 취해야 한다는 1983년 10월 28일 경향신문 기사 내용을 통해 구체적인 행동 요령에 대해 제시해 주었음을 알 수 있다.

오전에는 학교에 늦어서 뛰어 가다가도, 저녁에는 친구와 놀다가도 심지어 다투고 있는 중이라고 해도 모두 멈추어서 애국가가 끝날 때까지 제자리에 우뚝 서서 움직이지 않아야 했다. 그러나 '군부독재시절을 떠올리게 한다'는 국민 여론을 반영해 1989년 1월 폐지되었다. 마음에서 비롯된 자연스럽고 솔직한 애국심이 아닌 획일화되고 형식적인 행위로 보이는 애국심이었기에 그랬을 것이다.

새나라의 어린이들을 기억하며

1980년대 국민학교 어린이들은 등교 전 새마을 운동의 일환으로 비닐 봉지와 집게를 들고 지정된 학교 주변 청소를 하기도 했다. 생각해 보면 청소를 참 중요하게 여겼던 것 같기도 하다. 청소하면 떠오르는 것은 왁스 걸레인데, 국민학교 준비물 중에 하나가 손걸레였다. 교실이 나무로 된 마룻바닥이었기 때문에 물걸레로 청소하는 것이 아니라 왁스 걸레로 청소를 하였다. 선생님이 커다란 주걱으로 왁스를 바닥에 척척 떨어뜨려 주면 일정한 간격으로 무릎을 꿇고 앉아서 걸레질을 했다. 왁스 걸레 청소는 청소 당번이 따로 정해져 있는 것이 아니라 반 전체 아이들이 하는 것이었다. 왁스 냄새가 진동을 해도 자기가 맡은 영역은 반질반질 윤기 있게 잘 닦아내야 했다. 지금 초등학생에게 그런 청소를 시킨다면 어떠한 반응을 보일까. 그 당시에는 학교 일과였기에 당연하게 여겼지만 지금 생각해 보면 그런 국민학생들이 짠하기도 하다.

1980년대 국민학교는 60~70년대 국민학교의 연장선 안에서 흘러오며 1990년대 초등학교를 맞이할 준비기에 있었다고 볼 수 있다. 앞으로도 시대의 변화에 맞춰 어린이들을 위한 초등학교 환경은 변화를 겪겠지만 1980년대 그때 그 시절 새나라의 어린이였던 국민학생들도 그러했듯이 대한민국의 모든 어린이의 순전한 마음은 어떠한 시류에도 변하지 않기를 바라본다.

8090 TV 만화영화의 세계

김민지

TV 만화영화의 탄생! 테레비 앞으로!

1967년 10월 24일 화요일 저녁 7시, 우리나라 첫 TV 만화영화인 '황금박쥐(黃金バット)가 방송을 시작했다. 1950년대 우리나라의 텔레비전 대수는 약 300대에 불과했지만, 1960년대 중반 정부정책으로 TV 수상기가 본격적으로 보급되면서 TV 시대가 열리게 된다. TV 만화영화는 이때로 거슬러 올라가는데 위에 언급했던 일본 만화영화인 '황금박쥐'가 우리나라 TV 만화영화의 시초라고 하는 건 어쩌면 오해를 불러일으킬 수도 있을 것이다. 그러나 이 황금박쥐가 우리나라와 일본의 공동제작 작품이었다는 것을 아는 사람은 그리 많지 않을 것으로

생각한다. 오히려 황금 같던 일요일 아침을 반납하며 환호했던 대부분의 만화영화가 일본산이었다는 것은 그 누구도 가르쳐 주지 않았으며, 그것은 그리 중요한 사실이 아닌듯 했다.

지금도 그렇지만 어린이들은 TV 시청을 매우 좋아한다. 오히려 요즘은 컴퓨터도 있고 핸드폰도 있어 예전보다 여러 가지 즐길 거리가 다양하다지만, 몇 십 년 전만 해도 어린이들의 가장 큰 즐거움은 TV 만화영화였다고 생각한다. 그 당시 어린 시절을 보냈던 이들에게 TV 만화영화에 관해 물어보면 대개는 즐거웠던 추억으로 떠올릴 것이다. 그 시절에는 누구나 TV 만화영화의 광팬이었고, 누구라고 할 것도 없이 만화영화 주제가를 부르며 놀았다. 지금도 대부분의 사람이 따라 부를 수 있을 것이라고 생각하는데, 그 당시 유명한 가수였던 김국환이 불렀던 "기차가 어둠을 헤치고 은하수를 건너면 우주 정거장에 햇빛이…"(은하철도 999) 다들 기억하고 있지 아니한가.

그 시절에도 그랬지만 더더욱 일본과의 관계가 좋지 않은 요즈음 일본산 만화영화를 추억한다는 것이 괜히 죄스럽게 느껴지지만, 어린 시절은 그러한 감정을 개입시켜 생각하기에는 너무 소중한 부분이 많다. 어찌 되었던 정치나 사회적인 이야기는 잠시 접어두고, 그 시절 추억의 만화영화의 세계 속으로 잠시 빠져보자.

일본 애니메이션의 역사

　탄탄한 스토리와 감성적이고 아름다운 그림이 특징인 일본 애니메이션은 지금도 다양한 장르를 선보이며 세계를 매료시키고 있는데, 일본 애니메이션의 어떠한 부분이 한국은 물론 세계를 매료시키는 매력이 있는 걸까.

　일본 애니메이션의 역사는 1917년 최초의 작품을 기준으로 하면 약 90년의 역사를 갖고 발전하였다. 근대 이후, 정확하게는 세계 제2차 대전 이후의 일본 애니메이션의 역사에 대해 잠깐 설명을 해보면, 일본 '만화의 신'이라 불리는 데즈카 오사무(手塚 治虫)를 빼고는 이야기할 수 없다. 1963년 후지TV를 통해 방영된 '鐵腕アトム(우주소년 아톰)'은 방영 당시 24%란 경이적인 시청률을 올리며 TV 만화영화의 기틀을 마련했고, 국내에서는 1970년 '우주소년 아톰'이라는 제목으로 방영되었다. 1960년대의 대표 만화로는 '鐵腕アトム(우주소년 아톰)' 이외에도 '魔法使いサリー(1966~1968, 요술공주 세리)', 'リボンの騎士(1967~1968, 사파이어 왕자)', '妖怪人間ベム(요괴인간 벰)' 등이 있다.

　이후 1970년대에는 '鐵腕アトム(우주소년 아톰)'을 이어받아 거대한 로봇이 등장하는 SF 계열의 작품들이 줄지어 방영되었다. 'マジンが-Z(1972~1974, 마징가 Z)', 'UFOロボグレンダイザー(1975~1977, 그랜다이져)', '宇宙戰艦ヤマト(1974, 우주전함 V호)', '銀河鐵道999(1978~1981, 은하철도 999)', '科學忍者隊ガッチャマン(1972~1974, 독수리 5형제)' 등이 있으며, 요즈음 예능 프로그램을 통해 고양이로봇으로 인기를 끌고 있는 'ドラえもん(도라에몽)'이 1973년 방영이 시작되었다.

또한, 70년대 후반에는 SF 계열의 만화영화 이외에도 아름다운 그림체를 가진 서정적인 순정 만화영화가 방영되어 소녀들의 마음을 설레게 했다. 대표작으로는 우리나라뿐만이 아니라 전 세계적으로 유명한 미야자키 하야오(宮崎 駿) 감독의 초기작들인 '母をたずねて三千里(1976, 엄마 찾아 삼만리)', '未來少年コナン(1978, 미래소년 코난)', 'アルプスの少女ハイジ(1974, 알프스의 소녀 하이디)' 등이 방영되었고, 'キャンディ・キャンディ(1976~1979, 들장미소녀 캔디)', 'ベルサイユのばら(1979~1980, 베르사유의 장미)' 등이 있었다.

80년대는 일본 애니메이션의 황금기라고 말할 수 있다. 어린 시절 아톰을 보고 자란 세대가 만화를 그리기 시작하면서 다양한 장르의 작품이 쏟아져 나왔으며, 세계적으로는 일본이 애니메이션 대국으로 자리를 잡는 시기로 'Japan'과 "Animation'의 합성어인 '재패니메이션(japanimation)'이라는 용어가 미국을 중

심으로 퍼지면서 많은 팬층을 확보하기도 했다. 80년대 인기 있었던 만화영화로는 'トム・ソーヤーの冒険(1980, 톰소여의 모험)', 'おねがい! サミアどん(1985~1986, 모래요정 바람돌이)', 'ドラゴンボール(1986~1989, 드래곤 볼)' 등이 있고, 80년대 중반으로 넘어오면 TV 만화영화는 아니지만, 미야자키 하야오 감독이 환경, 전쟁 등 독특한 세계관을 가진 영화를 연속적으로 발표하여 전 세계적으로 팬층을 확보하며 호평을 받는다. 우리나라에서도 유명한 '天空の城ラピュタ(1986, 천공의 성 라퓨타)', 'となりのトトロ(1988, 이웃집 토토로)', '魔女の宅急便(1989, 마녀 배달부 키키)' 등이 있는데, 우리나라에서는 TV 만화영화가 아니라서 2000년 이후 개봉된다. 이 후 'もののけ姫(1997, 원령공주)', '千と千尋の神隠し(2001, 센과 치히로의 행방불명)', '崖の上のポニョ(2008, 벼랑 위의 포뇨)' 등의 작품이 연속적으로 인기를 끌면서 일본 애니메이션의 저력을 다시 한 번 느끼게 한다.

90년대는 일본 애니메이션의 전성기로 동남아시아 지역에도 영향을 끼치기 시작하였고, 미국은 물론 유럽 TV 만화영화의 80% 이상을 점령하기 시작한다. 이 시대 인기 있었던 작품으로는 '美少女戰士セ-ラ-ム-ン(1992~1993, 달의요정 세일러문)', '新世紀エヴァンゲリオン(1995~1996, 신세기 에반게리온)', 'ONE PIECE(1999, 원피스)' 등으로 인간과 환경, 사회를 따뜻한 시선으로 바라보던 미야자키의 애니메이션과는 달리 다양한 주제와 장르로 발전하기 시작한다. 특히 '新世紀エヴァンゲリオン(신세기 에반게리온)'은 일본, 한국뿐만이 아니라 전 세계를 강타하며 일본 애니메이션 역사에 한 획을 긋는 작품으로 인정받고 있다.

그 시절 추억의 TV 만화영화

이러한 일본 만화, 혹은 일본 만화영화는 70~80년대에 태어나 80~90년대에 청소년 시절을 보냈던 이들에게는 매우 친숙하게 기억되고 있을 것이다. 주5일제 수업이 아니었던 그 시절, 일요일 아침, 늦잠도 포기하고 일어나 앉아 기다리고 있었던 것은 '마징가 Z', '그레이트 마징가', '빨간머리 앤', '미래소년 코난', '은하철도 999' 등 대부분이 일본 만화영화였다. '은하철도 999', '마징가 Z'를 보며 미래의 과학자를 꿈꾸고, '빨강머리 앤', '소공녀'를 보며 소녀의 감성이 자랐다고 한다면 그것은 지나친 비약일까?

1970년대부터 일본 TV 만화영화가 본격적으로 방영되었는

데, 그 당시 인기리에 방영됐던 만화영화를 살펴보면 역시 제일 먼저 '황금박쥐'와 '요괴인간 벰'을 들 수 있다. '황금박쥐'는 일본 쇼와(昭和, 1926~1989)초기의 종이인형극 주인공으로 얼굴은 금색 해골 모양을 하고 검은색 망토를 두른 히어로이다. 1930년대 종이인형극 '黒バット(검은 박쥐)'의 마지막 회에 단 한 번의 등장으로 당시 어린이들에게 큰 인기를 끌었기 때문에 '황금박쥐'로 탄생하게 된다. '요괴인간 벰'은 어떻게 탄생하였는지 알 수 없는 인간도 괴물도 아닌 "벰", "베라", "베로"가 주인공으로 등장하는데, 귀엽고 사랑스러운 주인공이 아니었는데도 많은 인기를 끌었던 것으로 기억한다.

황금박쥐

요괴인간 벰

당시 SF 만화영화의 대표작으로는 '우주소년 아톰', '마징가 Z', '짱가'를 들 수 있다. 1950년대 처음 제작되기 시작한 작품임에도 불구하고 먼 미래라 여겨졌던 21세기, 소년 로봇 아톰의 활약상을 보며 많은 어린이가 미래에 대한 상상의 나래를 펼쳤다. '마징가 Z' 역시 지구를 정복하려는 악의 세력과 맞서는 거대로봇 "마징가 Z"를 보며 미래 로봇공학자를 꿈꾼 어린이들도 있었을 것이다. '짱가'는 지금도 "어디선가 누군가에 무슨 일이 생기면..."하는 주제가로 많은 이들에게 기억되고 있다.

우주소년 아톰

마징가Z

짱가

이외에도 여자아이들을 설레게 했던 많은 작품이 있었는데, 대표적인 것으로 '들장미소녀 캔디', '알프스의 소녀 하이디'

등이 있었다. 특히 이 작품들은 한 번도 가본 적도 들어본 적도 없었던 아름다운 유럽 등을 배경으로 하거나, 소녀의 감성을 자극하는 남자 주인공 등, 참신한 소재와 내용을 물론이고, 아름답고 착하지만 현실에 굴하지 않는 씩씩한 주인공에게 정서적으로 많은 자극을 받으며 자랐다. 이 시절 TV 만화영화는 재미를 넘어서 감성을 자극하는 요소들이 충분했었고, 오랜 세월 성장 과정을 거쳐 영향을 주었다.

| 들장미소녀 캔디 | 알프스의 소녀 하이디 |

이건 지극히 개인적인 생각이지만 여자들에게 가장 감명 깊게 보았던 TV 만화영화를 고르라면 '들장미소녀 캔디'를 꼽는 이들이 많을 것이다. 지금도 만화에서 튀어나온 듯한 남자 주인공은 "테리우스"며 "안소니"이고, 남자 주인공에게 사랑받는 씩씩한 여자 주인공은 "캔디"이듯이 만화영화가 방영되었던 때와 상관없이 많은 이들의 공감을 얻고 있다.

은하철도 999   미래소년 코난

    80년대로 넘어오면 많은 사람이 '은하철도 999'를 추억할
것이다. 기계의 몸을 얻어 불사의 몸이 되려는 "철이"와 "메
텔"이라는 이름을 가진 신비로운 여인이 함께 각 혹성 사이를
연결하는 "은하철도"를 타고 우주여행을 하는 이야기로 당시
"김국환"이 부른 주제가도 매우 인기가 있었던 것으로 기억한
다. '은하철도 999'는 단순한 공상과학 만화영화가 아니었기
때문에 1982년 방영되었던 TV 외화 전체를 통틀어 가장 인기
를 끌었고, 그 인기에 힘입어 라디오드라마로, 또 카세트테이
프로 만들어져 팔리기도 했을 정도였다. 인기가 있었던 또 하
나의 공상과학 만화영화는 일본의 인기감독인 미야자키 하야
오의 비교적 초기 작품인 '미래소년 코난'을 들 수 있다. '은하
철도 999'와 마찬가지로 미래세계를 그렸지만, 미야자키 하야
오 특유의 감성적인 그림체와 코믹한 내용으로 특히 남자아이
들에게 인기가 있었다.

이외에도 특히 어린이들에게 많은 사랑을 받았던 작품으로는 '개구리 왕눈이', '모래요정 바람돌이' 등이 있다. 덩치도 작고 힘도 없는 어린 청개구리 "왕눈이"

모래요정 바람돌이

가 무지개 연못에서의 온갖 따돌림, 학대 속에서도 폭력과 권력에 굴하지 않고 씩씩하게 헤쳐나가는 모습을 많은 어린이가 함께 공감하며 응원을 보냈었다. '모래요정 바람돌이'는 영국의 동화를 원작으로 일본에서 제작된 만화영화 시리즈이다. 수백 년간 잠들어 있다 깨어난 모래요정 "바람돌이"가 4명의 어린이의 일상적이고 자잘한 소원을 들어주는 과정에서 항상 엉뚱하고 재미있는 일들이 일어나지만, 이를 통해 어린이들이 성장해나간다. 많은 어린이가 학교에 가기 싫고, 시험이 보기 싫을 때 나에게도 소원을 들어주는 "바람돌이"가 있다면 좋겠다고 생각하며 시청했을 것이다.

90년대에도 다양한 TV 만화영화들이 인기를 끌었는데, 역시 가장 먼저 생각나는 것은 어린이들에게 변신 욕구를 불러일으켰던 '독수리 5형제'이다. 첫 방영은 1979년으로 당시에도 인기가 있었지만, 1990년대 KBS를 통해 여러 차례 재방송되면서 인기를 끌었다. 평소에는 평범한 젊은이들이 적이 나타나

면 각각 독수리 · 콘도르 · 백조 · 제비 · 부엉이의 의상을 입은
히어로로 변신하여 적에게 대항한다. 하이라이트는 강력한 적
을 만났을 때 불새로 변하는 부분이었다. 뛰어난 그림체와 화
려한 액션 장면, 다양한 에피소드로 많은 어린이가 응원을 보
내며 시청하였다.

독수리 오형제   달의요정 세일러문

 여자아이들은 '달의요정 세일러문'을 기억하고 있을 것이
다. 남자 영웅이 많은 만화영화 세계에서 여자 영웅은 등장만
으로 신선했었고, 평범한 소녀들이 영웅으로 변신하는 과정은
마치 나도 특별한 존재로 변신할 수 있을 것 같은 착각을 불러
일으키며 소녀들의 마음을 두근거리게 했다. 당시 시리즈 4기
인 'SuperS'가 지나치게 선정적이라는 이유로 조기에 종영되자
반대서명 운동으로 방영이 재개되기도 했을 정도로 초등학생
뿐만 아니라 중학생 · 고등학생, 어른들에게까지 인기를 끌었

고, 캐릭터 상품이 불티나게 팔릴 정도로 마니아층을 만들어
냈다. 당시 "정의의 이름으로 널 용서치 않겠다"는 주인공의
대사는 어린이들 사이에서 유행어가 되기도 했다.

동아일보, 『달의요정 사라진 뒤 "시끌"』(1997. 9. 10.)

이 외에도 '피구왕 통키', '슬램덩크', '꾸러기 수비대' 등등
각자 추억하는 만화영화가 있을 것이다. 게다가 70, 80년대 인
기리에 방영되었던 만화영화들이 90년대 재방송의 형태로 방
영되었기 때문에 많은 사람이 시대를 초월하여 같은 추억을
공유하는 것이 가능하게 되었다.

금지와 규제 속 "TV 만화영화"

동아일보, 『어깨펴고 올 'JAPAN'』(1998. 10. 13.)

　20세기 말 일본의 대중문화가 전면적으로 개방되기 시작했다. 일제 강점기 시대 우리나라에 들어온 일본문화는 "왜색문화"의 청산과 한국문화의 정체성 확립이라는 이유로 엄하게 금기되기 시작했다. 이후 개방을 시작하는 1998년까지 일본 대중문화는 공공연히 취급할 수 없는 금지된 문화로 영화, 드라마, 가요 등은 음성적인 루트를 통해서만 접할 수 있었다.

　그러한 와중에 유일하게 정상적인 루트로 방영되던 것이 있었는데, 그것이 TV 만화영화였다. 실질적으로 주요 시청자였던 어린이들이 TV 만화영화의 원산지에 대해 의문을 품었는지 어떤지는 알 수 없지만, 손꼽을 수 있는 몇 개의 한국산을 제외하고는 대부분이 미국이나 일본을 원산지로 하는 외국 만화영화를 보며 어린 시절을 보냈다.

이쯤에 오니 필자는 의문에 들었다. 영화나 드라마 혹은 가요는 "왜색문화"를 이유로 접할 수 없었는데, 왜 TV 만화영화는 괜찮았던 걸까? 오히려 영향을 받기 쉬운 어린이들이야말로 "왜색문화"를 지양해야 했던 것은 아니었을까?

이러한 의문의 답은 애니메이션이 가지는 콘텐츠로서의 특징도 있지만, 만화영화 산업이 발달하는 과정의 경제적인 원리가 큰 영향을 미쳤다는 것을 알 수 있었다. 이것은 앞서 언급한 우리나라 최초 TV 만화영화인 '황금박쥐'가 첫 단추를 잘못 끼우면서 시작되는데, 아마도 대부분의 사람이 일본 만화영화로 알고 있는 '황금박쥐'는 한·일 문화교류의 일환으로 일본의 제일동화(第一動畵)와 당시 민영방송사였던 동양방송의 합작으로 기획되어 제작된 작품이었다. 그 당시 동양방송은 TV용 만화영화 제작을 위하여 대대적으로 인원을 모집, 고용하여 제작 체계를 갖추고 제작에 돌입했고, 일본 측인 제일동화에서 직접 기획, 지도를 맡아 총 52화로 제작되었다. 그러나 아직 동양방송은 독자적으로 만화영화를 기획, 제작할 수 있는 체재가 정비되어 있지 않았기 때문에, 대부분 일본에서 만들어진 각본과 그림에 채색하거나 배경작업을 하는 등의 단순하고 반복적인 작업을 진행했을 뿐 핵심적인 작업에는 참여하지 못했다. 그러나 최초에 공동제작이라는 취지로 진행되었고, 실질적으로 국내에서 제작된 부분도 있었기에 방영 당시 일본 대중문화 수입이라는 규제를 피할 수 있었다. 이러한 사정으로 '황금박쥐'가 우리나라에서 제작된 최초의 TV 만화영화라고는 할 수 있을지 모르지만, 우리나라의 만화영화로는 취급되지 못하였다.

이후 공동제작 두 번째 작품인 '요괴인간 뱀'을 끝으로 더는 공동제작은 계속되지 못하였다. 그러나 두 공동제작 작품은 성공을 거두었고, 우리나라의 만화영화 시장은 기획, 원화제작 등의 핵심기술은 없었으나 TV 만화영화 시장의 하청작업이 가능한 환경이 정비되어 있었다. 게다가 때마침 일본 TV 만화영화의 폭발적인 성장으로 일본 내의 인력만으로는 수요를 감당할 수 없게 되자 저렴하게 우수한 작업을 해내는 우리나라로 하청작업이 밀려들면서 자연스럽게 세계 만화영화의 하청구조를 정착시켰다.

게다가 만화영화의 기획이나 핵심기술을 익히지 못한 우리나라 TV 만화영화 업계는 제작비가 많이 드는 자체 제작보다는 하청작업으로 돈을 벌고 일본시리즈를 수입하는 방영하는 것이 더 경제적이라는 인식 하에 많은 일본 TV 만화영화들을 앞다투어 수입하여 주인공의 이름이나 지명 등만 변경하여 마치 한국 만화영화인 양 어린이들에게 방영하였다.

70년대부터 본격적으로 수입되기 시작한 일본 TV 만화영화가 어린이들에게 인기가 없었더라면 현재까지 우리나라 만화영화 시장에 이렇듯 자리를 잡지 못했을 것이다. 당시 일본 TV 만화영화 중 일본색이 강하게 드러나는 작품은 수입이 규제되었고, 인명이나 지명 등도 한국식으로 개명한 뒤 방영되었다.

일본산 만화영화가 다른 대중문화가 금지된 상황에서도 공식적으로 수입될 수 있었던 배경에는 다른 장르와는 달리 주인공의 외모나 이름, 배경 등을 자유롭게 조절하여 제작된 나라의 특징을 배제할 수 있었던 애니메이션이라는 미디어가 가지는 특징 때문이다. 이러한 특징에 관해 玄武岩(2014)는 애니메이션은 서구도 일본도 아닌 캐릭터와 배경을 두드러지게 하는 성격을 가지고 있기 때문에, 관객이 완전히 놀 수 있는 다른 세계, 애니메이션 특유의 무국적인 판타지 공간을 제공하는 것이 가능하기 때문이라고 설명하고 있다.

하나의 예로 일본에서 1969년부터 현재까지 인기리에 방영되고 있는 '사자에상(さざえさん)'이라는 TV 만화영화가 있다. 당시 일본에서 제작되어 인기가 있던 대부분의 작품이 한국에

수입되었는데 이 작품은 한국에서 단 한 번도 방영된 적이 없다. 이 '사자에상'은 일본의 평범한 가정을 다룬 작품으로 오히려 일본산 애니메이션에서 우려되는 폭력성이나 외설적인 부분이 거의 없는 편이다. 그러나 이 작품을 보면 왜 우리나라에서 방영될 수 없는지를 알 수 있다. '사자에상'은 일본의 평범한 가정을 다룬 만큼, 소위 "왜색"을 강하게 느낄 수 있는 부분이 많이 등장한다. 예를 들면 일본의 전통 옷인 기모노를 입고 있는 장면이라던가, 일본의 전통 명절을 즐기는 장면 등인데, 당시 우리나라에서 방영되었던 외국산 애니메이션의 특징인 "무국적성"에 어긋나기 때문이다.

그러나 애니메이션이 다른 미디어에 비해 어느 정도는 무국적성을 띠고 있다고는 하나, 실질적으로는 수입되어 들어온 모든 작품에서 표면에는 드러나지 않는 제작된 나라의 색을 완전히 배제할 수는 없다. 그리고 그것은 어떻게 보면 당연한지도 모른다. 우리나라와 일본이 공동 제작했던 '황금박쥐'는 일본의 국민적 히어로였으며, 1981년 MBC에서 방영했던 '우주전함 V호'는 단순한 공상 과학 SF영화가 아닌 일본의 제국주의를 표방한 만화영화였다. 어처구니없지만 나중에는 '우주전함 태극호'라는 이름으로 다시 방영되기도 했다. 그런데 1986년의 동아일보에 다음과 같은 기사가 실린다.

동아일보, 『국적불명TV 만화영화』(1986. 7. 8.)

애니메이션이야말로 "국적불명"이라는 특징 때문에 수입되고 방영될 수 있었던 것인데, 수입된 애니메이션의 국적을 논하고 있으니 정말로 아이러니하지 않을 수 없다.

TV 만화영화 90%가 일본산

이렇듯 당시의 경제적인 원리와 맞아떨어진 TV 만화영화는 무분별하게 수입되어 애매하게 국산으로 둔갑한 뒤 무차별 방영되고 있었는데, 그 당시에도 이러한 상황에 대한 우려를 분명히 인식하고 있었음은 당시의 신문기사로 엿볼 수 있다.

1971년 동아일보와 1982년 매일경제에 실린 기사를 보면 두 기사는 11년이라는 시차를 두고 있음에도 불구하고 별다른 차이를 보이지 않고 있다.

> 수상기가 급격히 증가하고 있는 TV의 경우 어린이 프로는 철저한 흥미 위주의 외국제 만화영화가 판을 치고 있고 60년대까지 어린이 교육에 상당한 기능을 담당해온 각 라디오의 어린이 프로는 청취율 경쟁과 상업성에 밀려나고 있으며 일부 민방은 아예 어린이 프로가 전연 없는 실정이다. 오락 일변도에서 생기는 악영향에서 어린이를 보호하고 육성한다는 방송의 사회적 책임 면에서 본다면 어린이 프로의 확장과 질적 개선은 방송의 가장 시급한 문제의 하나가 되고 있다.
>
> ― 흐려져 가는 어린이 放送, 『동아일보』, 1971. 5. 5.

만화는 어린이들의 정서발달에 많은 영향을 미친다. 특히 어린이들이 매일 즐겨보는 TV 만화영화가 끼치는 영향은 크다.

> 그러나 교육방송을 제외한 KBS 1TV와 2TV · MBC TV에서 방영하고 있는 만화영화는 1백% 모두가 외국

만화영화로 국내서 제작된 것은 단 한편도 없는 실정
이다.

중략

어린이들은 흥미와 재미에 이끌려 TV앞에 앉음으로써
알게 모르게 특정국 문화를 수용하게 되는 것이다. 이
왕 수입해서 방영한다면 수입대상국이나마 다국화 시
키는 게 바람직하나 방송국 입장에서는 "위험부담 때
문에 각국 제작사에 일일이 주문해서 원하는 작품을
들여올 수는 없는 형편으로 중개사를 통해 들어온다"
는 변명.

- TV 어린이 프로에 외국(外國) 만화영화 판쳐, 『매일경제』,
  1982. 7. 30.

결국, 어린이들을 위한 방송은 어른들의 큰 고민과 노력 없
이 외국산 싸구려 애니메이션을 수입하여 명맥만을 유지하고
있었던 것이다. 비단 만화영화뿐만 아니라 그 시절에는 프로
그램 대부분이 일본의 영향을 많이 받았다. 1986년의 기사를
살펴보면 당시의 TV와 라디오 방송이 일본의 방송 프로그램
을 그대로 모방하거나 일본말을 무분별하게 사용하는 점을 지
적하고 있다.

우리가 즐겨 듣는 라디오프로그램 「아차부인 재치부
인」은 일본의 「우카리부인 사야카리부인」을 그대로
모방한 것이며, KBS 1TV의 「퀴즈탐험−신비의 세계」
와 KBS 2TV의 「퀴즈여행」 등의 퀴즈프로는 일본의
「하우머치」(How Much)란 프로그램을 그대로 모방해
진행방법, 출연자 수, 시상방법 화면자료까지 똑같다
는 것.

중략

어린이 만화영화 「개구리 왕눈이」 「은하철도 999」
「캔디」 등이 일본 제작물이란 것은 이미 알려진 사
실이며 프로그램 시작을 알리는 신호 음악, 자막처리
등 미세한 방송기술도 일본 것을 그대로 모방하고 있
는 실정.
한편 방송에 나오는 일본말 찌꺼기와 일본식 신조어
의 폐해도 적지 않다는 것.

− TV·라디오프로 日本(일본) '흉내' 심하다, 『동아일보』, 1986.
10. 23.

이러한 현상은 90년대에 들어와도 크게 변화되지 않는데,
이영(1998)에 따르면 1997년 4월의 어린이 프로그램 방송시간
중 만화영화의 편성비율은 평균 62.6%, MBC, SBS는 100%였으

며, 특히 미국과 일본의 비율이 높았다. 미국 만화영화는 총 방영시간 1,470분 중 430분, 영국이 150분, 한국 것은 330분에 지나지 않았으며, 일본만화가 560분으로 가장 높았다. 이와 관련하여 1998년도 『매일경제』에 실린 기사를 살펴보면, 여전히

매일경제, 『TV만화영화 90%가 일본작품』
(1998. 5. 5.)

TV에서 방영되는 만화영화 대부분이 외국산이었으며, 그 중 특히 일본산이 매우 높은 비중을 차지하고 있음을 알 수 있다.

한 연구에 따르면 일본의 대중문화를 접한 후 긍정적인 영향을 받을수록 일본에 대한 호감도가 높아진다고 한다. 더구나 TV 만화영화를 시청하는 대부분의 어린이에게는 선택권이 없다. 당연히 한국어 이름을 가지고 있는 만화영화 속 주인공이 한국인이라고 생각했고, 금발에 서구적이고 아름다운 주인공을 보며 막연하게 서구적인 미의 기준을 강요당하고 자랐다.

특히 한국 젊은이에게 일본을 상징하는 것은 만화와 애니메이션이다. 종래의 기성세대의 일본이미지가 식민지시대와 경

제 대국이었던 것에 비교하면 역시 일본 대중문화의 영향이 크게 작용하고 있는 현상을 확인할 수 있는데, 그 시절과 비교하면 일본 TV 만화영화의 비중이 줄어들었다고는 하나 아직도 케이블을 틀면 어렵지 않게 접할 수 있다. 오히려 지금은 만화영화뿐만 아니라 다른 콘텐츠로도 많이 접할 수 있는 것이 현실이다.

그래도 정서는 자라고 있었다.

2003년 11월 27일은 한국의 토종캐릭터인 '뽀롱뽀롱뽀로로'가 EBS에서 첫 방송을 한 날로 어린이들의 대통령인 "뽀통령"이 탄생한 날이기도 하다. "뽀로로"는 순수하게 우리나라에서 제작된 애니메이션으로 21세기에 태어난 어린이들에게 절대적인 호응을 얻으며 지금도 인기리에 방영되고 있고, "뽀통령"이라 불리며 우는 아이 울음도 멈추게 하는 힘을 가지고 있다. '마징가 Z'를 보고 자란 우리를 생각하면 토종 캐릭터인 뽀로로를 보고 자라는 지금 어린이들은 얼마나 다행인가 하는 생각을 해본다. 태어나 처음 접하는 콘텐츠가 전부 외국산으로 뒤덮여 있다는 것은 교육이나 감성을 논하기 이전의 문제라고 생각하기 때문이다.

요즈음의 우리 문화는 유례없는 전성기를 맞고 있다. 세계에 불기 시작한 한류 바람은 아직도 식을 줄 모르고 세계인을 매료시키며 K-pop, 영화, 드라마, 애니메이션을 다른 나라에 수출하는 문화 콘텐츠 강국으로 자리 잡고 있다. 불과 몇십 년 전만 해도 대중문화 대부분을 미국이나 일본에 의존하며 드라마, 영화, 가요, 애니메이션 등 대부분 외국 것을 접하며 어린 시절을 보냈다. 그러나 지금은 한국 가요를 듣고 흥얼거리며 감성에 젖고, 우리의 드라마를 보며 세계의 젊은이들이 가슴 두근거리며 한국이라는 나라를 좋은 이미지로 기억하고 있다. 앞서 서술했던 내용이 불과 몇 십 년 전의 일이라는 것이 놀라울 뿐이다. 이러한 것들이 가능할 수 있었던 것은 비록 어린 시절의 대부분을 일본 TV 만화영화를 보고 외국의 대중문화를 접하며 자랐지만, 그래도 우리는 우리만의 방식으로 감성을 키워오며 정서가 자라났다고 생각하기 때문이다.

다 자란 어른이 된 지금도 가끔 어린 시절 재미있게 봤던 만화영화를 추억하거나 다시 보거나 한다. "캔디"가 어려운 환경에서도 언제나 밝게 시련을 이겨나가는 모습에서 성장 과정 중 어려웠던 시간을 잘 버텨내게 했던 힘을 얻었었고, 평범한 소년, 소녀가 변신을 통해 적과 대항하는 모습을 보며 멋진 어른으로 변신해 갈 것을 믿어 의심치 않았다. 재미있고 값싸다는 당연한 편의에 의해 사라진 선택권이었지만, 그래도 어린 시절의 추억의 한 파편으로 의미가 있지 않은가 생각한다.

지금도 우리가 일본문화에 종속되어 있기만 하다면, 이것은 추억해야 할 부분이 아니고 반성해야 할 부분이겠지만, 그 속에서 감성을 살찌울 자양분만을 잘 흡수하며 우리만의 정서를 잘 키워온 것 같다. 그렇다면 지금은 너무 부끄러워하거나 반성하기보다는 어린 시절의 추억은 추억으로 아름답게 기억해도 좋지 않을까. 아직도 일본과 풀어야 할 것이 많은 현실이지만, 어린 시절 추억까지 그 문제 안에 집어넣지는 않아도 좋지 않을까 생각하며 이 글을 마친다.

걷는 좀비 위에 뛰는 강시 있다

워킹데드 혹은 jumping dead

이미현

1. 죽지 않고 깨어있는 자 – 좀비

지금 전 세계는 언데드 열풍이 한창이다. 미국 전역을 뒤흔들며 시즌 7까지 나온 워킹데드, 게임에서 영화까지 시리즈를 이어온 레지던트 이블, 한국영화에서 편견을 깨며 1000만 관객을 기록한 부산행까지 이 모든 것의 한 가운데 좀비가 있다.

완전히 죽지 않은, 살아있는 시체로 기억 및 자아를 잃어버려 생존 본능만 남아있는 상태가 언데드이다. 크게 악령 같은 무형태의 존재와 흡혈귀나 좀비처럼 형체를 갖고 있는 것으로 나눠 볼 수 있다. 언데드에 대한 구설화는 동·서양 상관없이 모든 문화권에서 존재하며, 지금까지 이어져 현대의 판타지나 호러 장르에서도 빈번히 사용되고 있다.

언데드의 역사는 아프리카 부두술에서 시작됐다는 설과 유럽의 강령술, 시체 처리 과정의 장례법에서 파생됐다고 추측되어지고 있다. 시체를 화장시키는 습관이 거의 없는 서양에서 사후 되살아난 사람들을 '한 번 죽었던 시체가 묘지에서 되살아나 돌아다닌다'라는 식으로 과장되어 표현된 부분도 있다. 이런 괴소문이 뱀파이어와 같이 환상속의 허구적인 괴물을 탄생시키는데 한몫을 하였다.

언데드가 과거 미신 속에서 존재하다가 영화로 나오면서 급부상하기 시작한 것은 조지 로메로 감독이 만든 영화인 좀비 3부작을 시작이라고 봐야 할 것이다. 제1편 1968년에 공개된 <살아 있는 시체들의 밤 : Night of the Living Dead>, 79년의 <시체들의 새벽 : Dawn of the Dead>, 85년의 <시체들의 낮 : Day of the Dead>으로 이어진다. 로메로 감독은 이 시리즈를 통하여 우리가 생각하는 좀비의 이미지를 정립하였다. 인격 상실과 더불어 인간으로서의 생각하고 학습하는 지능적 행태는 삭제된 오직 탐욕스런 식욕과 생전의 기억에서 나오는 조건반사적 움직임, 본능에 의지하는 행동들이 그것이다.

우리가 아는 영화 속 좀비들의 특징은 유럽의 언데드, 즉

죽지 않고 소생한 사람들의 특징과 일치하는 부분이 상당하다.

첫째, 시체가 돌아다닌다는 소문은 '너무 빠른 매장'의 부작용이다. 이는 단순한 가사(假死) 상태에 있는 사람을 죽었다고 착각해서 매장해버렸기 때문에 관 속에서 다시 살아나는 경우로 괴소문을 발생시켰다. 이런 해프닝이 많았는지 관을 제작할 당시 살아난 사람들이 자신의 생존 여부를 알리기 위한 종을 따로 설치하기도 했다니 웃지 못할 일이 아닐 수 없다.

둘째, 성격 이상 및 폭력적 성향의 변화이다. 소생한 사람들이 자신이 묘지에 묻혀버렸다는 공포감 때문에 정신 이상이 오거나 산소 결핍으로 뇌에 장애가 생겨서 생전의 성격을 잃는 수가 종종 있었다. 갑자기 변해버린 성격 탓에 주변인들에게 괴물이라고 오해를 사기도 했지만 이런 사람들은 되살아난 사람들 중 일부일 뿐이고 대부분 정상적이었다.

셋째, 탐욕스럽게까지 느껴지는 식인 식욕이다. 너무 빠른 매장의 부정적인 예로 미처 나오지 못하고 죽은 사람들이 무덤이 헤쳐져 발견됐을 때 입가에 피가 물들어 있는 것을 보고 과장이 극대화된 부분이다. 이는 죽기 전까지 피가 흐른다는 것은 심장이 뛰고 있었다는 증거이기도 하다.

그럼 왜 사람들은 좀비에 이토록 열광하는가? 그동안 우리에게 공포대상이었던 몬스터나 악령, 살인마는 어느덧 시시해져 버렸다. 우리가 산타클로스를 믿지 않는 것만큼이나.

화학적 바이러스에 의해 변질된 인간의 좀비화는 미신 속 상상의 산물이 아닌 최첨단 과학의 생산물로 집단적 파괴력과 끊임없이 진화하는 21세기 뉴 몬스터의 본보기로 성장하고 있다. 새로운 호러의 주인공으로 인간의 이기에 따른 현대적 재앙의 요소로서의 뉴 패러다임을 제시하고 있는 것이다.

21세기 과학적 산물로 파생된 좀비가 여기저기 뛰어다니는 모습만 보여줬다면 여기 영능력과 죽음의 주술로 무장한 20세기말 파워풀한 언데드를 소개하고자 한다. 이제는 생소한 그 이름 '강시'이다.

2. 80년대 비디오 문화와 홍콩 영화의 붐

아직 인터넷이 발전되지 못한 80년대 우린 영화를 보려면 극장을 가거나 가까운 비디오테이프 대여점을 가야 했다. 컴컴한 영화관에서 팝콘과 콜라를 먹는 것이 70년대 청춘들의 낭만이었다면, 비디오의 발명은 그야말로 세기의 발명과 견줄 정도로 80년대에 많은 비약을 안겨주었다. 지금은 사라진 비디오테이프와, 비디오 대여점은 한정된 스크린에서 상영되지 못한 다양한 영화를 집에서 볼 수 있을 뿐만 아니라 맞춤형 홈시어터 역할을 해주었다. 엄마 아빠에게 맞는 성인들의 영화뿐만 아니라 유아에서 청소년까지 이어지는 만화 및 아동영화까지 폭넓은 장르를 섭렵할 뿐만 아니라 학습, 교육에까지 그 분야를 넓혀갔다. 학교에서 가장 인기 있던 친구가 집에 비디오가 있던 친구라면 그 인기를 가늠할 수 있을 것이다.

80년대 우리를 비디오 앞으로 모이게 한 게 있다면 당연 홍콩영화. 그 중에서도 주윤발, 장국영, 이수현을 앞세운 느와르 영화일 것이다. 기존의 이소룡, 성룡의 무술영화가 70년대를 장악했다면, 80년대는 불투명한 미래와

끊임없이 사투하는 흔들리는 청춘들의 의리와 조직의 암투가 뒤섞인 느와르 영화가 그 시대를 표상하는 대표 영화로서 자리 잡았다.

수 많은 홍콩배우를 탄생시키고 이쑤시개와 바바리코트를 유행시킨 '영웅본색'은 그야말로 지금까지 이어지는 전설적인

영화이다. '영웅본색1, 2, 3', '첩혈쌍웅' 등 무수히 많은 느와르 영화가 있었지만 그 틈새를 비집고 태어난 B급 호러영화가 있었다. 20세기 말, 극장가 스크린을 주름잡았던 '강시 선생' 시리즈를 기억하는가?

중국 고전 의상을 입고 창백한 얼굴로 이마에 척하니 노란 부적 한 장을 붙인 채, 딱딱하게 굳어버린 몸을 이끌고 양팔을 나란히, 발모아 캉 캉, 뛰어오던 희극적이기도 귀이하기도 한 모습이 강시의 첫인상이었다. 강시는 단순히 폭력적인 요괴가 아니다. 뛰어난 무술 실력과 동양의 신비로운 주술적 영능력을 겸비한 강력한 모습은 다 큰 성인들도 손에 땀을 쥐게 만들며 아이들의 눈을 질끈 감게 만들었다. 강시에 대항하여 맞서는 영환도사와 사람들과의 사투로 이루어진 단순한 스토리이지만 시리즈를 이어감에 따라 아기 강시, 공중을 날아다니는 강시 등 다양한 강시 캐릭터를 등장시키며 승승장구하였다. 대략 10여 년간의 짧은 기간이었지만 강시 영화의 호황은 우리 한국영화계까지 강시 열풍을 일으켰었다. 자칫 B급 영화의 하나로 치부할 수도 있지만 요괴 사전에까지 등록될 정도의 존재감을 뿜어내며 강시는 홍콩 영화의 한 장르로서 비디오영화의 붐을 타며 강시 영화 그야말로 대유행을 이끌기 시작한다.

3. 강시 영화의 시작과 종류

한국영화 '똘똘이
소강시(1988)'의 포스터

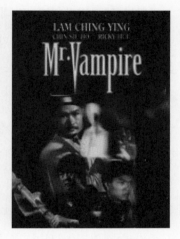

영화 '강시선생(1980)'의
미국판 포스터

(1) 강시 영화의 시작

강시가 대중들에게 널리 알려진 것은 불과 반세기도 채 되질 않는다. 다른 요괴들과 비교한다면 그 역사가 짧다고 할 수 있다. 하지만 강시 전설은 명나라 중엽부터 시작되어 청나라에 들어 성행하였으며, 이 때문에 청대 중국 문헌이나 민간 소설 등에는 강시에 대해 다룬 것이 많다. 가장 유명한 기록은 《열미초당필기》(閱微草堂筆記)라는 소설이다. 이것이 15세기에 태어난 요괴 전설 시작이었다. 이런 역사에 맞춰 영화 등에서도 강시는 보통 청나라 시대의 복식을 하고 있다.

한동안 잊혀졌던 강시를 대중들에게 선보이게 된 것은 1980년대 홍금보의 '귀타귀'와 '강시 선생'을 시작으로 홍콩 영화의 한 장르로서 강시 영화는 그야말로 대유행을 타기 시작한다. 강시가 근본적으로 '고향에 묻히지 못한 한'이 서려 있는 슬픈 괴물이라는 포인트와 장르 자체에 내재되어 있는 유머 감각이 경직되어있는 괴물에게도 인간성을 부여하며, 아기 강시, 성욕을 느끼는 여자 강시 등을 내세워 대중에게 친밀한 캐릭터로 다가가는 데 일조한다.

좀비의 정치적 메시지도, 뱀파이어에 내재된 에로티즘도 가지고 있지 못하지만, 대중에게 즐거움을 준다는 한 가지 사실만으로 한 시대의 유력한 아이콘이 되었다.

영화 제작이 시작되면서 강시의 모습과 특징이 정형화되기 시작하였고 그와 동시에 서양의 뱀파이어 신화와 맞물리면서, 심지어 없던 설정까지 계속 덧붙여져 오늘날의 강시가 탄생한다. 한 예로 영화에서 나오는 무덤 속에 있던 시체들이 갑자기 일어나 강시가 되는데 그것은 초기 강시 영화를 만들었던 영화 스태프들이 강시에 대해서 잘 알지 못한 상태로 고증 없이 만들었기 때문이다.

또, 야행성 괴물이기에 햇빛에 약하다는 공통점이 있어서인지 마치 뱀파이어같이 심장에 말뚝을 박으면 죽는다는 설정도 나왔으나 이는 감독의 창작이다. 일본판(음양사 관련 추측)의 추가 요소로 복숭아나무로 만든 목검으로 베면 아주 잘 베여서 팔다리가 뚝뚝 떨어지는 연출도 간혹 보인다.

영화의 흥행으로 새로운 변종이 태어나기도 했는데, 바로 한국판 변종 '콩시'이다. '강시 중에 매우 드물지만 인간과 공존하며 착한 강시도 있더라.'라는 설정인데, 이는 순수 한국판의 창작이다.

영화 속 강시의 특성을 간략하게 정리해보자면,

1. 행동할 때에는 굳어 버린 두 팔을 들고 콩콩거린다.
2. 평상시에는 얌전하지만, 부적이 떨어지거나 피를 먹이면 사나워진다.
3. 죽어서 피가 흐르지 않기 때문에 산 사람의 피를 먹으려고 한다.
4. 강시에게 피를 빨린 사람은 자기도 전염되어서 강시가 된다.
5. 낮에는 잠이 든다. 그래서 몇몇 레벨이 센 강시는 낮이 되면 일부러 깊숙한 곳에 숨어 잠을 잔다.
6. 형상이 아닌 호흡을 감지하여 대상을 공격하기 때문

에 숨을 멈추면 바로 코앞에 있어도 찾지 못한다.
7. 지면에 엎드리면 마찬가지로 대상이 바로 앞에 있
어도 찾지 못한다.
8. 청나라 관복을 입고 있다.

강시 영화의 기본적인 스토리라인은 갑자기 나타난 강시가
마을 사람들을 위협하는 가운데 영환도사와 마을 사람들이 힘
을 합쳐 강시를 무찌른다는 단순한 구도로 진행된다. 영환도
사는 인간으로서 초인적인 강시와의 대결에서 주로 부적과 결
계, 동전 검을 사용하여 퇴마하는데 이때 이마에 부적을 붙여
조종하거나 찹쌀을 던져 폭발을 일으키기도 하고, 또는 닭이
나 검은 개의 피를 사용하여 결계를 펼치기도 한다. 영환도사
의 최종무기 격을 하는 동전 검(엽전 검)이 부적과 비슷한 효
과를 갖고 있지만 극소수의 영화의 경우 강시를 베어버리는
최종 결전 무기가 되기도 한다. 이런 영능력 소환을 시각적 특
수효과에 무술 액션을 더하여 더욱 흥미진진하고 짜릿하게 연
출한 것도 흥행요소로 볼 수 있다. (물론 지금 보면 유치할 수
있는 콩알 탄 같은 폭발과 우뢰매급 달빛 광선 등이 그 예일
것이다.) 인간과 괴물의 대결에서 항상 승리하는 권선징악 결
말구조를 통해 선이 이긴다는 교훈 외에도 새로운 동양적 히

어로를 선보인 점도 우리가 강시 영화를 사랑하는 요소였다.

홍콩의 영화판 강시는 초반에는 강시라는 존재 자체에 집중하는 호러 영화의 성격을 띠었다가 다양한 양상으로 분산되는데, 경공술을 사용하는 영환도사가 강시의 공격을 잘못 맞고 뒤로 휙 날아가서 벽이나 문에 쾅 처박힌 후에 피를 울컥 토하는 것은 무협영화 그 자체로 봐도 무방할 정도이다.

홍금보가 탄생시키고, 유관위가 발전시킨 강시 영화는 호러와 코미디, 그리고 무협을 절묘하게 접목시킴으로써, 매우 특이한 형태의 호러 장르를 개척해냈다. 블랙 코미디와 고어가 접목된 스플래터 류를 연상시킬 때도 있지만, 기본적으로 코미디 장르에 가까운 강시 영화는 기존의 호러 영화들과는 달리 별다른 고어 효과를 사용하지 않았다. 이것은 강시 영화의 주 소비 대상이 어린이들을 비롯한 가족 관객들에게 치우쳐 있었기 때문이다.

(2) 강시 영화의 계보

홍금보의 1980년 作 <귀타귀>를 시점으로 유관위 감독과 故임정연 주연 콤비 작품인 강시선생 시리즈가 90년 초 중반까지 이어진다.

흔히 사람들은 크게 강시영화의 "영환도사"류와 "유환도사"

류로 구분을 짓기도 한다.

'영환도사 시리즈'는 유관위의 <강시선생>을 기본으로 하는 오리지널 스토리 라인이며, 모두 故'임정영'이 영환도사로 출연하고 있다는 특징이 있다. <강시 선생>부터 <구마 경찰>에 이르기까지 끝도 없이 이어진 임정영의 활약은 대단한 것으로 우리가 일반적으로 기억하는 영환도사는 故임정영이다.

한국에서 오리지널 '영환도사 시리즈'보다 더 큰 인기를 누렸던 '유환도사 시리즈'는 어린이들을 위해 제작된 대만영화이다. <강시 소자>부터 시작된 유환도사 시리즈는 <헬로 강시>를 거쳐 <유환도사>에 이르기까지 많은 작품들이 만들어졌다. '유환도사 시리즈'는 거의 모든 시리즈에 등장하여 스토리 라인을 이어가는 '수박피'와 '텐텐' 그리고 추후 생성된 '아기 강시' 덕에 큰 인기를 누렸던 작품이다. 강시 영화의 인기 돌풍에 중심축이었던 '아기 강시'의 존재는 <강시 선생 2 - 강시 가족>에서 처음 등장하였으나, 본격적으로 두각을 보이기 시작했던 것은 '유환도사 시리즈'로 보아야 옳다. '유환도사 시리즈'의 아기 강시는 유별나게 귀여운 모습과 선악을 구분할 수 없는 특이한 캐릭터로 인해 큰 사랑을 받았으며, 이례적으로 시리즈 전편에 걸쳐 동일한 배우가 역할을 맡았다.

4. 이것 모르고 논하지 마오 - 용어정리

(1) 강시(殭尸)

강시는 원래는 얼어 죽어 뻣뻣해진 시체를 뜻하는 말이었는데, 지금은 죽어 썩지 않고 딱딱하게 굳은 시체, 즉 미라(mirra)를 뜻하는 한자 말로 쓰인다. 강(殭)은 앙상한 뼈 알(歹)과 딱딱하다는 의미의 강(畺)을 합한 글자이다. 죽어 딱딱해진 시체가 바로 강시다.

고대 중국 사람들은 사람이 고향을 떠나서 죽음을 당하게 되면 성불하지 못하고 구천을 떠도는 원혼이 된다고 믿었다. '사람이 원념을 갖고 죽어 그 주검이 천 년 동안이나 썩지 않으면 마침내 시체가 변이하고 다시 살아나, 사람만 보면 공격하는 요귀가 된다.'는 중국 전설상의 귀신이다. 이렇게 원혼이 되어 잠들지 못한 시체들을 일컬어 '강시(僵屍 또는 殭屍, 僵尸)'라고 부른다.

강시는 중국의 도교적 색채가 강한 귀신인데, 도교에서 도사들이 원래 강시라는 것은 전쟁터나 객지에서 죽은 시체들을 고향으로 되돌려 보내주기 위해 영환술사가 강시들에게 부적을 붙여 '종소리에 맞춰 움직이도록' 만든 '살아있는 송장'이라는 설에서 유래했다고 전해진다.

그림과 같이 강시가 손을 들고 있는 이유는 보통 관절이 굳어서 라고 하지만 그것이 아니라 영환술사가 보통 사람들이 진짜 사람과 강시를 헷갈릴까 봐 손을 올려 표시를 한 것이라는 설이 있다.

즉, 부적으로 인해 관절을 구부리지 못하는 것이지 관절이 굳어 그런 움직임을 보이는 것은 아니다. 하지만 관절이 굳은 것도 사실이다.

(2) 영환술사

시체나 죽은 자의 영혼을 이용하여 마술을 행하는 사람을 네크로맨서(Necromancer : 강령술사, 시체 조종사)라고 부르는데, 영환술사 혹은 영환도사는 동양의 네크로맨서라고 생각하면 될 것이다. 네크로멘서가 언데드를 노예로서 조종하고 이용하는 것이라면 영환도사는 시체를 운반하는 무당 혹은 영혼을 운반하는 무당으로 도시송시술(跳屍送尸術)을 다루어 시체를 조종한다. 현대의 장례사와 명맥을 같이 볼 수 있다.

사람의 사체는 죽은 후에도 움직이는 성질을 가지고 있는 것 같다. 이 성질을 이용한 '도시송시술(跳屍送尸術)'은 <영환도사>의 첫 장면에 등장하는 기술로 사체를 살아 있는 것처럼 움직이게 만드는 주술이다. 심평산(沈平山)의 『중국신명개론(中國神明概論)』에 나와 있는 것을 참고하여 이 주술에 대해 설명하자면 이 주술은 중국의 서남부 운남성, 귀주성, 사천성 인근에서 자주 사용되었던 주술이다. 이들 지방에서는 멀리서 돈을 벌기 위해 왔던 사람이 죽었을 경우에 그 사체를 죽은 이의 집에 운반하는 방법으로 이 주술을 사용했다. 주술을 집행하는 사람은 두 사람으로, 한 사람이 사체를 선도하고 또 한 사람은 물을 바른 부적을 띄운 사발을 들고 사체의 뒤를 따른다. 주술에 걸린 사체는 살아 있는 사람과 겉모습도 똑같고 부패하지도 않는다. 단, 말은 할 수 없다. 그리고 앞으로 전진 할 때는 통통 튀면서 나아가기 때문에 이것을 '도시(跳屍)'라고도 한다. 외견이 살아 있는 사람과 차이가 없다고는 하지만 밝은 곳에서 사체가 이리저리 움직이는 것은 기분 좋은 광경은 아니었을 것이다. 그래서 사체를 선도하는 주술자는 도중에 사람들이 놀라지 않도록 밤에 사체를 이동시키고 낮에는 사체 전용 여관에서 묵었다. 이윽고 고향까지 앞으로 하루 정도의 시간이 남게 되면 사체 가족의 꿈속에 장례식을 준비하도록 연락을 취한다. 사체를 집안에 넣으면 사발 안의 물을 지면에 뿌리고 주술로부터 해방시킨다. 사체는 쓰러지고 곧 부패하기 시작한다. 이 주술은 일본과의 전쟁이 시작되었을 때까지 사용되었다고 전해진다.

영화에서 영환도사는 강시에 대항하는 인물로 강시의 이마에 부적을 붙여 조종하기도 강시를 일시적으로 제압한다. 다양한 주술과 도구를 사용하여 강시를 제압하며, 강시를 소멸시킬 수 있는 영능력자로 표현된다.

(3) 부적(符籍)

종이에 글씨·그림·기호 등을 그린 것으로 악귀를 쫓거나 복을 가져다준다고 믿는 주술적 도구로 영환도사가 강시를 제압하는데 사용한다. 부적은 크게 두 가지 기능이 있으나 영화에서는 사(邪)나 액(厄)을 물리치는 용도로 사용된다.

글자로 된 부적에는 일월(日月)·천(天)·광(光)·왕(王)·금(金)·신(神)·화(火)·수(水)·용(龍) 등이 눈에 많이 띈다. 부적 전체가 한자로 된 것도 있지만 한자의 파자(破字)를 써서 여러 가지로 결합하고 여기에 줄을 긋는 형태들이 많은데, 이런 경우는 칙령(勅令)이라는 글자가 부적 꼭대기에 적히는 것이 보통이다. 부적은 주로 노란 종이에 빨간 글씨로 되어있는데 황색은 광명이며 악귀들이 가장 싫어하는 빛을 뜻한다. 주색(朱色)은 중앙아시아 샤머니즘에서 특히 귀신을 내쫓는 힘을 지닌 것으로 간주되고 있다. 강력한 신에 의하여 귀신이 꼼짝 못하고 도망가거나 완전히 포박되어 옴짝달싹 못 하고 있는 모양을 표시하고 있는 경우가 있다.

강시의 퇴치 도구로 닭 피를 섞은 먹물을 붉은 붓에 묻혀 노랑 종이에 그린다. 부적에 그려지는 문양은 대장군이 오는 것을 의미한다. 증과(Chung Kuei)가 그린 부적은 음양오행을 다루며 모든 혼령들을 부릴 수 있게 한다. 부적을 떼어버리면 시체는 일어나고 원귀는 깨어나지만, 이 부적을 붙이면 원귀이건 강시이건 움직이지 못한다.

(4) 요령(妖靈)

요력이 담긴, 혹은 요물을 조종하는 방울이나 종으로 영환도사가 요령을 울려 강시를 이동시킨다. 종소리에 맞춰 강시가 이동한다.

(5) 찹쌀(생 찹쌀)

찹쌀과 강시는 상극으로 강시에게 뿌릴 경우 강시가 매우 고통스러워한다. 또한, 집주변에 뿌렸을 경우 강시가 들어오지 못하게 할 수 있고 강시 독을 흡수할 수 있기에 강시에 물리더라도 찹쌀 위에서 계속 뛰어다니면서 강시로 변하는 것을 최대한 늦추고 찹쌀 죽을 먹거나 찹쌀을 푼 물로 목욕을 하면 강시 독을 몸에서 뺄 수 있다. 독을 빨아들인 찹쌀은 검게 변색된다.

(6) 동전 검

저승의 노잣돈을 상징하는 동전 중 손때 묻은 헌 동전을 목줄에 엮어 검 모양으로 만든 것으로 동전 검 혹은 엽전 검이라고도 부른다. 또한, 강시와 귀신들에게 효과적인데 귀신의 위치를 나침반처럼 가리키기도 하고 부적같이 강시를 조종하는데 쓰이기도 한다. 비슷한 용도로 복숭아나무로 만든 목검도 있다.

(7) 닭 피를 섞은 먹물

보통 부적을 그릴 때도 쓰이지만 이 먹물에 줄을 담궈 강시를 상대하는 데 사용하기도 한다.

강시가 든 관을 이 줄로 감싸면 강시가 밖으로 나가려고 관을 열려고 해도 이 먹물 줄 때문에 힘을 쓰지 못한다. 줄을 공격적으로 사용하여 강시를 고통스럽게 하여 대항할 수 있다.

하지만 이 먹물이 씻어지면 효력이 없어지고 강한 강시는 관을 그냥 박살 내버린다.

(8) 혼령을 빨아들이는 항아리

영환도사는 중국의 고량주 항아리로 귀신을 빨아들이고 뚜껑을 닫고 부적을 덮어 귀신을 붙잡아둘 수 있다. 쉽게 생각하면 귀신 잡는 덫이나 결박이라고 생각하면 될 것이다.

(9) 나뭇잎

영환도사는 나뭇잎을 눈에다 가져다 대어 둔갑하거나 모습을 감추고 있는 혼령을 찾아내었다.

(10) 귀신을 쫓아내는 음양경과 위패

도사들이 사용하는 음양경과 제사상에 모셔져 있는 위패 앞에서는 귀신도 무서워한다.

5. 강시 영화의 퇴보와 좀비 영화의 활성화

1980년대 전 세계는 공포 영화의 열풍에 휩싸인 시기였다, '죠스', '나이트 메어', '할로윈' 다양한 살인마가 판을 치는 슬래셔 무비가 난무하는 가운데 동양에서 요괴를 앞세운 B급영화가 탄생했다.

약 10여 년간의 짧은 영광을 뒤로하고 사라진 강시영화는 강한 코미디 성향 덕분에 종종 무시 되곤 하지만 친근하고 역동적인 다양한 슬랩스틱 액션과 오컬트적인 이미지를 동시에 갖고 있는 독특한 장르이다. 장르 전체를 아우르는 특별한 세계관과 유머러스한 설정들은 비록 서양에서 추구하는 오리엔탈리즘과는 거리가 있지만, 좀 더 따뜻하고 아기자기한 동양 정서를 내포하고 있기에 쉽게 폄하되기에는 너무나 특별한 호러 하위 장르이다.

아직도 성룡 영화가 명절 단골 방송으로 매년 찾아오지만 이제는 TV에서도 자취를 감추어 버릴 만큼 강시 영화는 멸종되어 버렸다. 마치 몇 만 년 전에 사라진 공룡들처럼. 코믹함이 가미된 호러 영화라는 점과 새로운 초인적 요괴 캐릭터 탄생은 전 세계의 남녀노소를 막론하고 매료시켰지만, 故 임정연과 유관위 콤비의 독점에 가까운 연출 및 주인공의 출연은 식상함을 일으켰다. 또 시리즈의 성공으로 다양한 강시 캐릭터를 생산해냈지만, 스토리의 뻔한 결말 및 소재의 고갈 역시 패망의 길을 걷는 수순을 피할 순 없었다. 어쩌면 B급영화의 숙명처럼 비디오 문화와 함께 사라진 것일 수도 있다.

강시의 패망과 달리 다시 한번 공포 영화의 부흥 속에 좀비의 부활은 제2의 전성기라고 해도 봐도 무방할 것이다. 과연 좀비에겐 다른 무엇이 존재하는가?

달라진 시대상이 그 중 하나일 것이다. 그동안 우리에게 공포 대상이었던 몬스터나 악령, 살인마에서 새로운 호러의 주제로써 현대적 관점에서 인간의 이기에 따른 재앙의 요소로서의 뉴 패러다임을 제시하기에 적절한 대상이었기 때문인지 모른다. 로메로 시체 3부작 이후 급변한 사회변화는 과학의 비약적인 발전과 상반된 불안한 미래를 드러내고 있다. 그 주체로서 좀비를 내세우고 있다. 좀비의 발생이 과학의 폐해라고 설정한 로메로의 생각은 단순 정치적 메시지로 결론을 지었다면 최근엔 복잡한 갈등구조로 발전한 좀비 공포의 원인을 주목해 보았다.

종전의 호러 영화에서 보여준 선악 구도에서 살인마나 괴물이 절대 악으로서 막연한 공포대상이었다면, 좀비는 사정이 다르다. 나의 가족, 이웃, 연인이었던 이들이 하루아침에 나를 공격하는 대상으로 맞서야 한다면 감정적 혼란과 함께 상당한 공포감을 일으킨다. 이 시대 소통 불화, 소득분배로 붕괴되어가는 사회 구조에서 극단적으로 표출되는 범죄는 내 이웃, 가족에 의한 범죄를 증가시켰다. 이러한 범죄는 좀비 공포와 같은 맥락을 이어나가는 것이다. 내 가족, 이웃, 친구가 적이 될 수 있다는 불안감과 공포감이 고조되어가는 공포를 느끼게 되는 것이다.

　　비록 영화이지만 '28일 후'나, '월드워Z' 같은 영화만 봐도 좀비 바이러스 테러가 단순한 상상만이 아닌 현실적 허구로 느껴지는 것은 단순한 우려가 아니다. 전 세계적으로 퍼져있는 각종 바이러스 전염병에 우리 모두 쉽게 노출되고 있는 것이 현실이며, 실제로 우린 그 공포를 직접 느껴보았다. 빠르게 확산되는 그 파급력과 살상력은 흡사 살아있는 듯 끈질긴 생명력을 갖고 우리를 공격했고 수백만 명의 많은 사상자를 내었다. 에볼라, 사스, 메르스 같은 바이러스는 아직도 신약의 개발이 더딘 가운데 바이러스 전염에 무방비하게 대처하는 정부의 무력함 또한 절실히 느꼈다.

종합적으로 정리해보자면 트랜드에 맞춰 좀비영화는 성장하고 있었다. 시대 감각을 놓친 강시 영화의 퇴보는 당연한 결과였을지 모른다.

하지만 언데드의 사촌 격이라는 이유로 좀비와 엮는다는 오해를 떠나 한 시대를 풍미했던 강시 영화가 찬란했던 우리들의 청춘의 한 페이지를 열기에 충분히 감성적인 향수를 불러일으키며 역사적인 영화의 한 장르로서 걸맞은 재평가와 발굴이 필요하다고 생각한다.

8090 오락실 문화

1.

스마트폰을 손에 쥐고 장소에 구애받지 않고 게임을 즐기는 오늘날의 아이들에게 1980~90년대 인기를 누렸던 전자오락실은 남의 나라 이야기처럼 들릴 수 있다. 본인들의 부모가 휴대용 카세트에서 흘러나오는 음악을 들으며 학교를 다니던 멀지 않은 과거이지만 그들에겐 분명 호랑이 담배 피던 시절의 이야기로 다가올 게 분명하다. 그들이 타임머신을 타고 80년대 무렵으로 돌아간다면 게임기에 동전을 넣고 플레이를 하는 모습도 신기할 것이고, 어두운 조명 아래 여러 사람들이 모여 게임을 하는 모습을 보며 답답한 맘을 표현하는 이들도 적지 않을 듯하다. 하지만 당시를 살았던 아이들에게 오락실은 기존

174 8090 한 페이지 전의 문화사

에 볼 수 없었던 새로운 형태의 문화 공간이었다. 게임기에서 흘러나오는 사운드에 맞춰 게임에 몰입하다보면 온갖 근심걱정이 한 순간에 사라질 정도였으니 이 무렵 아이들에 오락실은 지상의 낙원이나 다를 바 없었다.

1980~90년대의 대표적인 놀이 장소였던 오락실은 여러 차례 흥망성쇠를 거쳐 지금까지 맥을 이어오고 있다. 한자인 '娛樂室'에서 알 수 있듯 오락실은 오락을 하는 공간 내지 방을 말한다. 오락이라는 용어가 그러하듯 1980년대 이전에는 주로 춤을 추는 공간, 혹은 여러 가지 예술을 접하는 장소로 여겨졌다. 점차 시간이 흐르면서 게임을 즐기는 공간으로 확고히 자리매김을 하였는데, 실제로 사전에는 '동전을 넣고 즐길 수 있는 게임기를 갖춘 장소'를 오락실이라 명시돼 있다. 보다 정확하게 말하면 여러 대의 게임기를 가지고 수익을 얻는 일종의 업종이다. 지금이야 스마트폰과 PC 방이 그러한 역할을 하지만 1980~90년대, 특히 컴퓨터 게임이 등장하기 전까지 게임을 즐기기 위해서는 반드시 오락실을 찾아야만 했다.

전자오락실이 등장하기 전까지의 아이들 놀이는 주로 골목에서 즐길 수 있는 것들이었다. 삼삼오오 골목에 모여 딱지치기와 구슬치기, 고무줄, 다방구, 오징어놀이 등이 이 무렵 아이들의 놀이였다. 이들 놀이 대부분은 부모 세대가 유년 시절에

즐겨하던 것이었다. 정신없이 골목을 뛰어 다니다 보면 끼니는 잊은 경우도 다반사였는데, 아이를 부르는 엄마의 쩌렁쩌렁한 목소리는 지금도 귓가에 맴도는 것 같다.

하지만 오락실이 생겨나면서 골목에서 뛰어 놀던 아이들은 급속히 줄어들었다. 신세계나 다름없는 오락실을 처음 접한 아이들에게 더 이상 골목은 놀이 공간이 되지 못하였다. 조작키에 따라 움직이는 화면 속의 물체와 게임기에 흘러나오는 경쾌한 사운드는 당시의 아이들의 시선을 사로잡기에 충분하였다. 오랫동안 아이들의 놀이 공간이었던 골목에서는 더 이상 아이들의 시끌벅적한 웃음소리는 들을 수 없게 된 셈이다.

찾는 사람들의 발길이 줄어들면서 예전처럼 오락실을 구경하기가 힘들게 되었지만 오락실은 비디오 게임 산업을 일으킨 장소이자, 90년대까지도 콘솔 게임기나 PC와는 차원이 다른 그래픽과 성능을 경험할 수 있던 곳이었다. 80년대 전후부터 2000년대 초반까지 자라나는 청소년들을 두뇌계발이라는 글자로 유혹하던 로망과 추억의 장소이기도 하다.

게임 중심의 오락실이 한국에 들어온 것은 1980년대 전부터다. 정확히 1977~1978년경에 벽돌게임(아타리 브레이크아웃)이 인기를 얻고 스페이스 인베이더가 1979년에 도입되면서 전국적으로 오락실이 우후죽순처럼 생겨났다. 정확한 자료는 아니나 1970년대 초에 서울에 오락실이 있었다고 한다. 호텔 등에서 외국에서 제작된 게임기를 수입해 오락실을 운영했다. 1971년 1월 25일 서울시에서 처음으로 전자오락실 허가를 내주기 시작하여 1973년 12월 26일 보건사회부로부터 허가 중지 지시를 받을 때까지 모두 43개 오락실이 서울에서 운영되었다.

문제는 그 이후부터 생겨난 오락실은 모두 허가를 받지 못한 채 운영되었다는 점이다. 1975년 이후부터 오락실 운영에 대해 허가를 내주지 않았기 때문이다. 그럼에도 불구하고 오락실은 기하급수적으로 늘었다. 결국 국가에서는 '에너지 절약 문제 및 청소년 생활지도 문제'를 내걸고, 1979년도부터 본격적으로 무허가 오락실을 대대적으로 단속하였다.

> 오락실은 75년도 허가를 받았던 35개소를 제외하고 모두 무허가 업소이다. 이들은 이따금씩 적발당해 3~5만원의 벌금을 내지만 그러면서도 영업을 계속하고 있는 것, 뿐만 아니라 규모도 커져서 1개 업소에서 보유하고 있는 오락기구가 보통 10여대씩 된다.
> – 서울시내 곳곳서 중고생 등 젊은층 몰려 9백여 전자오락실 성업, 『매일경제』, 1979. 8. 2.

이런 조치를 비웃기나 하듯 학교 앞 골목을 오락실이 점령하였다. 아이들은 구슬치기와 딱지치기 등의 골목놀이를 버리고 동전 몇 개를 들고 오락실을 찾았다. 그렇다고 오락실이 아이들에게만 인기가 있었던 것은 아니었다. 당시의 오락실에는 고등학생과 대학생은 물론 직장인들의 발길도 끊이지가 않았다.

어린이들의 전용놀이터였던 전자오락실이 20대 젊은층의 관심을 끌면서 급격한 추세로 증가되고 있다. 불과 1,2년 사이에 시내 중심가와 변두리의 주택지까지 파고들어 산재해있는 전자오락실은 현재 서울에만도 9백 여 개소, 3년 전부터 IC 회로를 이용한 TV게임이 등장, 내용이 다양해지면서 이용자가 국민학생에서 고등학생 대학생 심지어 여학생과 직장인에까지 번져가고 있다.
– 서울시내 곳곳서 중고생 등 젊은층 몰려 9백여 전자오락실 성업, 『매일경제』, 1979. 8. 2.

2.

1970년대 후반부터 생겨난 오락실은 1980년대 오면서 전성기를 누린다. 단순히 게임을 즐기는 공간이 아닌 자라라는 청소년들의 두뇌 개발에 게임이 좋다는 식의 의도적인(?) 유혹 덕분인지 모르겠지만 80년대의 아이들은 수시로 오락실을 찾았다. 손을 움직이며 게임을 즐기다보면 두뇌가 좋아질지 모르겠지만 과학적으로 증명이 된 것은 아닌 듯하다.

80년대 인기를 누렸던 오락실 대부분은 지하에 자리를 잡았다. 게임기에서 흘러나오는 사운드 때문이기도 하겠지만 비교적 저렴한 돈으로 공간을 얻을 수 있다는 이유도 결코 무시할 수 없다. 대개 주인이 머물러 있는 좁은 공간과 게임기가 놓여 있는 넓은 공간으로 구분이 되는데, 10대 정도의 게임기가 놓여 있었다. 사람들이 붐비는 신촌이나 종로 등에는 50대가 넘는 게임기를 놓고 영업을 하는 곳도 적지 않았다.

> 3일 오후 5시 서울 서대문구 충정로 중·고교 앞 지하
> 전자오락실 스무 평 정도의 내부엔 50여대의 각종 오
> 락기계가 놓여 있었고 하굣길 학생 60여명이 가방을
> 오락기나 바닥에 놓은 채 오락기 버튼을 두드리는데
> 열중하고 있었다. 자욱한 담배연기 날카로운 오락기의
> 금속 성음, 시끄러운 음악이 실내에 뒤섞여 있었다.
> 이곳 오락실엔 인근 S입시 학원의 재수생들까지 몰려
> 들어 오후 5시경부터 저녁까지 성황을 이룬다.
> – 탈선 온상 학교 주변 유해업소, 『동아일보』, 1984. 4. 4

다양한 사람들이 찾는 오락실의 주 고객은 단연 학생이었다. 지금도 그렇지만 갈 곳이 많지 않은 학생들에게 오락실은 마음의 안식처이자 공부로부터의 훼방 공간이나 다름이 없었다. 본인의 의도대로 움직이는 게임들과 게임기에서 흘러나오는 사운드는 충분히 그들의 넋을 빼놓고도 남았다. 당구를 처음 배울 때 잠자리에 누우면 천장에서 당구대가 그려지듯 오락실에 빠진 학생들은 수업 시간 내내 게임기 화면이 머리에서 떠나지 않았다. 그러다 보니 빨리 학교 수업이 끝나기만을 기다렸다. 수업이 끝나면 가방을 메고 곧바로 오락실에 들러 시간 가는 줄 모르고 게임에 열중했다.

이런 학생들은 비교적 모범생에 가깝다. 일부는 선생님 몰래 수업에 빠지고 하루 종일 오락실에 머물다 늦은 시간에 귀가하는 경우도 있었다. 나이가 지긋한 아저씨를 비롯해 여러 유형의 사람들도 오락실을 찾았다. 누군가는 시간을 보내기 위해, 누군가는 게임기와의 대결에서 이기고 싶은 생각에 그곳을 떠나지 않았다. 장소에 구애 받지 않고 흡연이 가능하던 탓에 오락실은 담배 연기가 자욱했는데, 이런 분위기 때문에 유해업소로 분류되어 관리를 받았다. 어른들은 오락실을 당구장과 비슷한 소위 '양아치들의 아지트'로 여겼다.

이 시절 학생들이 오락실에 빠져든 것은 기존에 볼 수 없었던 현란한 게임기들 때문이다. 오락실에 비치된 게임기들은 게임 종류의 하나인 '아케이드게임'이었다. 아케이드게임 방식은 17세기부터 있어 왔지만, 지금의 모습으로 시작된 게임은 바로 1971년 너팅어소시에트가 제작한 <컴퓨터 스페이스>2이다. 특히 아타리에서 제작한 <퐁>4는 아케이드게임의 대중화에 앞장선 게임이다.

정확하게 어느 시기에 어떠한 경로와 방법으로 아케이드게임이 우리나라 들어왔는지 알 수 없다. 미국에서 개발된 것이 이후 일본을 거쳐 우리나라로 들어왔을 가능성을 언급하는 이도 있다. 1980~90년대에 보급되었던 게임 대부분이 일본 오락실에서 히트를 쳤던 게 많다는 점에서 그런 생각을 해볼 수 있다. 실제로 당시의 오락실은 일본의 게임기들을 그대로 옮겨 놓았다고 해도 과언이 아니다. 유통 과정에서 보면 합법적인 부분보다는 불법에 가까운 경우가 많았다.

어떤 방식으로 이러한 게임이 유입되었던 간에 아케이드게임은 게임 방식이 단순한 탓에 초보자들도 쉽게 즐길 수 있으며, 게임을 하기 위해서는 민첩성을 필요하다는 특징을 지닌다. 그리고 게임기에 동전을 넣어야 게임을 할 수 있는데, 오락실 주인은 결국 아이들이 게임기에 넣은 동전으로 오락실을 운영한 셈이다. 게임기에 넣는 동전의 금액은 시대마다 차이를 보인다. 80년대 초반에는 50원짜리 동전을 넣어 게임을 할 수 있었으나 시간이 흐르면서 100원, 그리고 500원으로 바뀌었다. 그래서 돈이 없거나 혹은 가져온 돈을 모두 탕진한 경우에는 빈자리에 앉아 조작키를 돌려보거나 게임을 하고 있는 사람 뒤에서 서서 화면을 바라봐야 했다. 그런 점에서 돈이 없는 아이들에게 오락실의 게임기들은 그야말로 그림에 떡이나 다름없었다.

아케이드게임기에는 서비스 모드가 있어 원하는 대로 게임을 설정할 수 있었다. 오락실 주인은 이 모드를 조정하여 무한정으로 플레이 하는 것을 사전에 차단했다. 100원짜리 동전 하나를 넣고 오랫동안 플레이를 하면 손해를 볼 수 있었기 때문이다. 오락실 주인의 정성 때문인지 알기 어려우나 오락실을 찾는 아이들이 많아지면서 게임기 한 대 당 하루에 5천원(당시 돈)을 넘게 버는 경우도 있었다.

이용자가 갑작스럽게 늘어나면서 우후죽순처럼 생겨나고 있는 이곳을 찾는 고객이 1시간에 쓰는 돈은 1천원선, 1백원짜리 주화를 넣는 오락기구도 있고, 50원짜리를 넣는 것도 3원을 넣는 것도 있다. 그러나 단순하게 게임만 즐기는 것이 아니라 돈내기, 먹는 내기 등 여러 가지 시합을 하기 때문에 항상 예산을 초과하기 마련, 기구마다 게임의 성격도 각각 다르다. (중략) 평균적으로 놓고 볼 때 좋은 자리에 위치해 있는 경우 기구 1대가 하루 5천원쯤 벌어들인다.

– 서울시내 곳곳서 중고생 등 젊은 층 몰려 9백여 전자오락실 성업, 『매일경제』, 1979. 8. 2.

3.

학교 수업이 끝나자마자 동전을 들고 찾았던 오락실에는 다양한 형태의 아케이드게임들이 학생들을 기다렸다. 오락실이 생겨나기 시작한 초기에는 쌓아놓은 벽돌을 부스는 게임을 비롯해 드라이브게임, 그리고 우주인과의 총격전 등 대략 50여 개 정도의 게임들이 있었다.

쌓아 놓은 벽돌을 부수는 것에서부터 드라이브게임, 우주인과의 총격전 등 시중에 나와 있는 기구의 종류는 약50여종에 달한다. 이 중에 인기가 있는 좋은 품목은 따라서 값도 비싸다. 가장 비싼 것이 우주인이라는 이름의 기구로서 대당 일백 만 원선이고 보통

50~60만원, 제일 싼 것이 총을 쏘는 기구로서 30만
원선이다.

– 서울시내 곳곳서 중고생 등 젊은 층 몰려 9백여 전자오락실 성
    업, 『매일경제』, 1979. 8. 2.

오락실의 인기가 날로 높아짐에 따라 오락실에는 다양한 게
임기들이 많아졌다. 1980~90년대에 인기를 누렸던 대표적인
아케이드 게임이 바로 '갤러그', '1942', '보글보글', '테트리
스', '파이널 파이트', '더블 드래곤' 등이다. 이 시절 오락실에
서 적지 않은 시간을 보냈던 사람이라면 벌써부터 이들 게임
의 화면이 눈앞에 그려질 것이 분명할 텐데 본격적으로 게임
을 소개해 본다.

여러 게임 가운데 필자가 즐겨하던 게임은 비교적 속도감이
떨어지는 <갤러그>다. <갤러그>는 우주 공간을 돌아다니는
적들을 총알을 쏴 맞추는 슈팅 게임으로 1981년도에 개발된
것으로 1942 등의 게임에 비해 속도감이 떨어지나 색다른 재
미를 준다. 무엇보다 게임을 하는 도중 거미처럼 생긴 적의 광
선에 맞으면 아군이 붉은색으로 바뀌는데, 이때 적군의 비행
기와 함께 하강을 한다. 나란히 내려오는 과정에서 적군의 비
행기를 맞추면 붉은색으로 변한 아군 비행기만 아래로 떨어져

기존의 것과 합체가 된다. 두 비행기가 함께 슈팅을 하기에 이전의 것에 비해 적군의 편대를 쉽게 물리칠 수 있다.

자그마한 공룡이 부지런히 다니며 입에서 비눗방울을 내뱉는 <보글보글>은 1986년도에 발매된 액션 게임이다. 마법사의 저주에 걸려 공룡이 된 주인공이 여자 친구를 구출하기 위해 모험을 떠나는 내용이다. 적들을 비눗방울에 가둔 다음 한꺼번에 터트리면 더 좋은 점수를 받을 수 있다. <보글보글>의 가장 큰 재미는 뭐니 해도 입을 벌려 비눗방울을 쏠 때 나오는 "뽀글뽀글" 사운드가 아닐까 싶다.

<1942>는 빠른 속도감을 만끽할 수 있는 슈팅 게임이다. 1942라는 숫자에서 알 수 있듯 2차 세계 대전이 게임의 배경이다. 당시 치열하게 전투를 벌였던 미군과 일본군의 싸움이 주요 내용인데, 미군 전투기를 조종해 일본의 군대를 점멸하는 게 핵심이다. 이 게임은 1984년에 발매되었음에도 불구하고, 스마트폰 시대인 지금까지도 인기를 누리고 있다. 본격적인 게임에 앞서 공중회전을 하면 적의 총알을 피할 수 있으며, 위기 상황에 닥쳤을 때 버튼을 누르면 큰 폭탄이 터져 무사히 헤쳐 나갈 수 있다는 점을 반드시 숙지할 필요가 있다.

오랫동안 인기를 누리던 슈팅 게임과는 다른 양상의 게임이 바로 <테트리스>다. 위에서 내려오는 여러 형태의 블록을 맞

취 가며 즐기는 <테트리스>는 구소련의 과학아카데미 소속 스물아홉 살의 컴퓨터 프로그래머가 개발한 것으로 모스크바 크렘린궁 앞 유명한 성 바실리 대성당이 본격적인 게임에 앞서 등장한다. 냉전시대의 산물이라고 평가되기도 하지만 <테트리스>는 소련보다 미국에서 더 인기가 많았다. 그런 탓에 소련 KGB와 관련되어 있다는 루머가 돈 적도 있다. 미국의 전산망을 마비시키기 위해 소련에서 이 게임을 개발해 보급시켰다는 것이 루머의 주된 내용이다.

이들 게임 못지않게 90년대 전후부터 학생들에게 인기가 많았던 게임이 <스트리트 파이터>다. 이전 시대부터 인기를 누렸던 <더블 드레곤>의 영감을 받아 개발되었다고 한다. <스트리트 파이터>는 플레이어가 고른 무술 고수가 등장하여 상대방과 무예를 겨루는 게 특징이다. 첫 번째 시리즈에는 '류'와 '캔'만이 등장하지만 두 번째 시리즈에는 '달심', '혼다', '사카드', '춘리' 등이 등장한다. 이들은 모두 쿵푸를 비롯한 무술의 달인인 동시에 상대방을 제압할 수 있는 필사기를 가지고 있다. 본인이 선택한 캐릭터가 주어진 시간 안에 현란한 기술로 상대방을 제압할 때의 희열은 느껴보지 못한 사람은 이해하기 어려울 것이다. 여타의 게임이 그러했지만 <스트리트 파이터> 역시 오락실마다 고수가 있었다. 고수가 앉아 있는 곳에는 고수의 현란한 게임 솜씨를 지켜보거나 혹은 고수와 겨루기 위해 동전을 들고 있는 사람들로 북적거렸다.

4.

만화방과 더불어 1980~90년대의 아이들이 오락실을 찾았던 이유는 다양하다. 그 가운데서도 특히 게임기에서 흘러나오는 현란한 사운드를 들으며 조작키를 움직이며 게임을 즐기다보면 학업 등으로 인한 스트레스를 한방에 날릴 수 있었기 때문이다.

그렇지만 어른들은 오락실을 부정적인 장소로 보았다. 게임에 빠지면 공부를 등한시 할 수 있다는 생각도 무시할 수 없지만 오락실의 환경적인 부분도 한 몫 했다. 어둡고 컴컴한 지하에 위치해 있다는 점도 그렇고 구석진 자리에서 담배를 물고 게임을 즐기는 아저씨와 일부 학생들의 모습에서 타락의 장소로 인식하였다.

사람들의 왕래가 잦은 곳에 위치한 오락실은 소음 공해의 주범으로 낙인이 찍히기도 하였다. 행인들을 유혹하기 위해 밖에 스피커를 설치하다보니, 게임기에서 흘러나온 사운드가 여과 없이 흘러나온 연유가 크다. 주인의 입장에서는 한 사람이라도 더 오락실을 찾기 위한 노력이지만 사회적으로 문제가된 셈이다.

> 거리를 걷다보면 특히 귀에 거슬리는 소음이 있다. 그것은 요즘 한창 유행되고 있는 전자오락실에서 새어나오는 전자오락기의 효과음이다. 한창 소음공해가 문제되고 있다. 차량 소음 같은 것은 도시 생활의 한 측면으로서 어쩔 수 없는 것이라고 하더라도 방지할 수 있는 것까지 그대로 방치되고 있는 것은 문제다. 전자오락실에서 흘러나오는 소음은 그냥 새어나오는 것이 아니다. 입구에 대부분 마이크가 달려 있어 가지고 크게 확대되어 거리로 울려 퍼지고 있는데 문제가 되는 것이다.
> – 전자오락실 공해 심하다, 『동아일보』, 1983. 5. 19.

오락실을 찾아 게임을 즐기기 위해서는 반드시 동전을 넣어야 했는데, 이로 인해 발생된 사회문제도 적지 않았다. 돈은 없는데 게임을 더 즐길 목적으로 가치가 낮은 동전을 변형시켜 50원이나 100원짜리 동전으로 둔갑시킨 사례가 여기에 해당된다. 동전을 잘라 내거나 테이프를 덧대어 주화를 변조하는 게 핵심인데, 1980~90년대 무렵에는 이러한 동전들이 꽤 많았다.

전자오락실 업주 등에 의하면 10원짜리 일부분을 연마기로 갈아 없앤 다음 50원 짜리처럼 사용하거나, 표면에 스카치테이프 등을 붙여 보다 큰 1백 원짜리 동전처럼 위장, 사용하거나 표면을 망치 따위로 두들겨 펴 넓은 1백 원짜리처럼 사용하기도 해 업자들에게 큰 골탕을 먹이고 있는 것이다. 서울 시내의 각종 오락실이나 자동판매기의 경우 이러한 훼손된 동전이 하루 평균 7,8개 정도가 나오고 있다.

- 둔갑하는 1원 동전 자동판매기, 전자오락기구에 끝부분 잘라 50짜리로 투입, 『동아일보』, 1982. 8. 5.

또 다른 편법도 있었다. 잘려나간 10원짜리 동전을 가지고 두 손가락을 이용, 주인 몰래 투입구에 퉁겨 넣어 보다 값이 비싼 50원, 1백 원짜리 주화용 오락기계를 작동시키는 학생들도 있었다. 이런 문제가 심각해지자 경찰의 집중적 단속을 실시하였다고 한다.

동전을 변형시켜 오락실에서 게임을 즐긴 청소년들은 그나마 예쁘게(?) 봐줄 수 있었다. 오락실 게임에 빠진 일부 청소년들은 돈을 마련하기 위해 몰래 부모님의 지갑이나 호주머니에서 몰래 돈을 훔치는 사례도 종종 발생하였다. 이 무렵 신문에는 돈을 다 탕진하고 부모님에게 혼이 날까봐 극약을 마신 청소년에 대한 이야기가 실리기도 하였다.

18일 하오 6시 10분쯤 서울 성동구 마장동 568 앞길에서 이 동네 이모 씨의 2남 이모군(13, Y중2년)이 극약을 마시고 신음 중인 것을 순찰 중이던 노병식 순경이 발견, 인근 한양대 부속 병원으로 옮겼으나 중태이다. 가족들에 따르면 이군은 지난 17일 전자오락실에 가려고 아버지의 양복주머니에서 1만원을 훔쳐 집을 나간 뒤 이날 귀가하지 않았다. 이군은 17일 상오 8시쯤 출근 준비를 하던 아버지에게 "용돈 5천원을 달라"고 조르다 거절당하고 어머니에게 돈을 얻으려다 심한 꾸중을 듣자 돈을 몰래 빼내어 집을 나갔었다. 경찰은 이군이 돈을 훔쳐 전자오락실에서 다써버리자 가책을 느껴 약을 먹은 것으로 보고 있다. 학교 성적이 중간쯤인 이군은 지난 7월 여름방하기 시작되면서부터 부모님에게 매일 1천 원씩 용돈을 얻어 집 부근 전자오락실에서 친구들과 함께 전자오락을 즐겨왔다.

– 전자오락실 청소년 탈선 부채질, 『경향신문』, 1982. 8. 19.

5.

오락실의 인기가 날로 높아감에 따라 미국과 일본에서 개발된 게임기가 아닌 국내에서 개발된 게임기가 하나둘씩 등장하였다. 국내 업체들의 꾸준한 연구 결과 국산화에 성공한 것이다. 삼영전자가 개발한 '제7의 전투기'가 그것인데, 소리 소문도 없이 사라진 탓에 이 게임을 알고 있는 사람은 찾아보기 어렵다. 이후 여러 형태의 게임기들이 개발되었으며, 1980년대 중반 경에는 국내산 게임기를 수출하기에 이르렀다.

지금까지 외제일색이던 전자게임기프로그램이 국내업체들의 꾸준한 연구개발결과 국산화에 성공, 첫선을 보였다.(중략) 25일 업계에 따르면 그동안 1백 30여 가지에 달하는 전자오락기 프로그램은 전부 일본과 미국의 프로그램을 모방내지 복사한 외제 일객이었는데 최근 세운상가 내에 있는 삼영전자가 6개월에 걸쳐 6천만원 개발비를 투입, 순수한 국산프로그램을 개발하는데 성공했다는 것이다. '제7의 전투기'로 불리는 이 프로그램은 한글로 글자가 나오며 비행기에 태극마크가 새겨진 적기격추게임내용이다. 이로써 앞으로 국산

프로그램이 양산될 전망인데 현재 삼화전자 동명전자 아이콤용역 등 7개 업체도 '이순신 장군', '심청전' 등 국산프로그램을 개발 중인 것으로 알려졌다.

– 전자오락 프로그램 수출 모색, 『매일경제』, 1984. 7. 25.

국내산 게임기가 양산되고 오락실의 인기가 하늘을 찌를 듯했으나 1990년대를 전후로 오락실을 사양길을 걷기 시작한다. 시대의 변화에 대응하지 못한 탓도 크겠지만 가정용 컴퓨터가 보급되면서 오락실을 가지 않아도 게임을 즐길 수 있는 시대를 맞이한 게 결정적인 이유이다. 부모님 눈치를 봐가며 동전을 들고 오락실을 가지 않아도 방안에 놓인 컴퓨터를 가지고 게임을 할 수 있게 된 것이다. 아래의 신문 기사의 내용처럼 학습을 목적으로 사준 컴퓨터가 전자오락으로 둔갑했다고 보는 게 보다 더 타당할 것 같다.

교육적 목적에서 개발된 학습용 컴퓨터가 학습용 아닌 가정의 전자오락게임 기구를 둔갑 전자오락 장난감과 함께 가정에서 전자오락게임 선풍을 일으켜 어린이 교육에 큰 지장을 주고 있다. 전자오락게임은 전자오락실의 퇴조와 함께 주춤하는 듯했으나 83년부터

국산퍼스널 컴퓨터제품이 본격 생산되면서 다시 일기
시작해 어린이들은 이제 전자오락실에 가는 대신 가
정에서 개인용 컴퓨터와 전자오락장난감으로 전자오
락을 즐기고 있다.

– 학습용 컴퓨터오락기구로 둔갑, 『동아일보』, 1986. 1. 14.

여기에 정부의 양성화 조치도 오락실의 인기를 누그러뜨리
는 데 한 몫 했다. 양성화란 합법화라는 말과 유사한 것으로
드러나지 않은 것을 드러낸다는 의도 지니고 있는데, 그동안
음성 거래로 호황을 누렸던 오락실이 큰 타격을 입은 셈이다.

2일 업계에 따르면 그동안 전자오락실의 성업에 따라
음성 거래로 호황을 누려오던 2천여 제조업체들이 최
근 12억원에 달하는 특소세 추징금이 부과되고 체벌
규정가지 두는 등 허가 및 시설 기준을 크게 강화키
로 한 정부방침이 발표되자 업종전환을 모색, 업체수
가 크게 줄고 있다는 것이다. 이는 대부분 무허가 영
세업체인 이들로서는 이러한 조치에 따름 막중한 자
금 부담감을 감당할 수 없기 때문인 것으로 풀이된다.
이에 따라 현재 하루에도 수개씩 휴폐업체가 속출하
고 있는데 연말까지 1백여 업체로 크게 감소될 것으로

업계는 내다보고 있다.

- 전자오락기 업체 크게 줄어, 『매일경제』, 1987. 7. 2.

이런 현실을 타개하기 위해 오락실은 새로운 변화를 꾀해야
만 했다. 수익적인 부분을 고려해야 하던 오락실 주인들은 음
성적인 방법이긴 하나 성인오락게임기를 들여놓고 영업을 하
는 쪽으로 사업 방향을 돌려야만 했다. 오랫동안 보글보글 등
의 게임기가 놓였던 곳에 고스톱과 포커 등의 성인들의 도박
게임기가 놓이게 되었다.

> 우리 동네에 최근 전자오락식이 생겨 적지 않은 말썽
> 을 일으키고 있다. 생길 때는 성인오락기가 없었는데
> 요즘은 고스톱 등 돈내기를 하는 오락기를 들여놓아
> 성인들은 물론 청소년들까지 돈내기를 하는 한심스러
> 운 풍경이 벌어지고 가끔 돈을 잃은 사람과 주인이 싸
> 우는 일까지 있다. 또 근로청소년들이 애써 번 한달 월
> 급을 몽땅 날려버렸다는 애기도 들린다. 더욱 문제가
> 되는 것은 도박장이나 다름없는 오락실에 코흘리개 국
> 민학생까지 드나든다는 점이다.
>
> - 전자오락실 단속 시급, 『경향신문』, 1987. 2. 23.

아케이드 게임기 중심의 오락실이 도박장으로 변화를 꾀한 연유는 생존을 위한 몸부림으로 보인다. 게임 요금은 오르지 않는데 게임기들의 고급화로 터무니없이 가격이 비싸졌다는 점도 무시할 수 없었다. 오락실을 운영하는 비용 역시 만만치 않다보니, 좀 더 싼 가격에 게임기를 구입하기 위해 불법 복제 기판을 사용하는 주인들도 이전에 비해 훨씬 더 많아졌다.

또한 정부의 관리와 감독이 한층 강화되면서 영세업자들 대부분이 문을 닫을 수밖에 없었다. 주인들은 더 이상 아이들을 대상으로 오락실을 운영하는 일이 쉽지 않음을 깨닫게 된다. 정확하게 말하면 2000년대에 초반부터 본격적으로 성인용 도박 게임장으로 탈바꿈을 시도 한다. 이 때 생겨난 대표적인 게임이 바로 '바다이야기'와 '황금성'이다. 문제는 바다이야기사태가 발생하면서 성인오락실은 쑥대밭이 된다. 성인오락실로 탈바꿈한 오락실 대부분이 이 무렵 문을 닫았다. 완전히 사라진 것은 아니지만 1980~90년대 골목 여기저기에서 간판을 걸고 아이들을 유혹했던 오락실의 전성기는 그렇게 마무리 되었다.

참고문헌

〈선데이서울〉, 욕망의 만화경에 비친 통속의 시대

『경향신문』

강현두, 「현대 한국사회와 대중문화」, 『한국사회와 대중문화』, 나남, 2000.

김성환, 「1970년대 〈선데이서울〉과 대중서사」, 『어문론집』 64, 중앙어문학회, 2015.

김호경, 『우리들의 행복했던 순간들』, 한국경제신문, 2010.

박성아, 「〈선데이 서울〉에 나타난 여성의 유형과 표상」, 『한국학연구』 22, 인하대학교 한국학연구소, 2010.

서울신문사, 『서울신문 100년사』, 서울신문사, 2004.

연윤희, 「〈선데이서울〉의 창간과 대중독서물의 재편」, 『대중서사연구』 30, 대중서사학회, 2013.

오광수, 『낭만광대 전성시대』, 세상의아침, 2013.

이성욱, 『김추자, 선데이서울 게다가 긴급조치』, 생각의나무, 2004.

임종수·박세현, 「〈선데이서울〉에 나타난 여성, 섹슈얼리티 그리고 1970년대」, 『한국문학연구』 44, 동국대학교 한국문학연구소, 2013.

1990, 사고의 기억은 안녕한가요

『경향신문』

『동아일보』

『매일경제신문』

『한겨레신문』

광주광역시, 가톨릭대학교 산학협력단, 『재난상황 PTSD 대응매뉴얼』, 2013.

구자인, 「도시, 그 자체는 안전한가—삼풍백화점 붕괴사고를 보며」, 『도시와 빈곤』, 한국도시연구소, 1995.

김정탁, 「'알권리' 보다는 '살 권리'가—삼풍백화점 붕괴사고에 대한 언론의 보도」, 『저널리즘비평』 16, 한국언론학회, 1995.

김종길, 「여객선 서해훼리호 전복사건」, 『해양한국』 6월호, 한국해사문제연구소, 2004.

문홍주, 『삼풍, 축제의 밤』, 선앤문, 2012.

서울지방검찰청, 『성수대교 붕괴사건 원인규명감정단 활동백서』, 1995.

서울특별시, 『삼풍백화점 붕괴사고 백서』, 1996.

소방방재청, 『대구도시가스 폭발사고 종합보고』, 1995.

오연호, 「사고공화국 대통령과 국민에게 던지는 질문」, 『월간말』 12월호, 월간말, 1994.

이종한, 「사고공화국에 대한 심리학적 제의」, 『한국심리학회지: 문화 및 사회문제』 9, 한국심리학회, 2003.

정이현, 「삼풍백화점」, 『제51회 현대문학상 수상소설집』, 현대문학, 2005.

하성란, 「별 모양의 얼룩」, 『창작과비평』 29(1), 창비, 2001.

홍성태, 「붕괴사고와 사고사회 – 와우아파트와 삼풍백화점을 중심으로」, 『사회와 역사』 87, 한국사회사학회, 2010.

홍성태, 『삼풍사고 10년 교훈과 과제』, 보문당, 2006.

황석영, 『강남몽』, 창비, 2010.

욕망의 스토어: 24시 편의점의 추억

『매일경제』

『경향신문』

『동아일보』

유하, 『세운상가 키드의 사랑』, 문학과지성사, 1995.

전상인, 『편의점의 사회학』, 민음사, 2014.

박물관과 수학여행

국립중앙박물관(2009), 『한국박물관 개관 100주년 기념 특별전: 여민해락, 함께 즐거움을 나누다』, 국립중앙박물관

안휘준, 「博物館과 國民敎育(下)」, 『박물관신문』 제133호, 국립중앙박물관, 1982
한국박물관 100년사 편찬위원회(2009), 『한국 박물관 100년사: 1909-2009 자료
　　　편』, 국립중앙박물관 · 한국박물관협회
한국박물관 100년사 편찬위원회(2009), 『한국 박물관 100년사: 1909-2009 본
　　　문편』, 국립중앙박물관 · 한국박물관협회
『경향신문』
『동아일보』
『부산일보』
『한겨레신문』

그땐 그랬지, 국민학교 어린이 생활 탐구!

『경향신문』
『동아일보』
『한겨레신문』
사이버 교과서 박물관
e영상역사관

8090 TV 만화영화의 세계

『동아일보』
『매일경제』
구견서, 「일본 애니메이션의 성립과 전개」, 『일본학보』(80), 한국일본학회,
　　　2009.
노승관, 「1970년대 국내 일본애니메이션 수용 방식 연구」 디지털영상학술지
　　　Vol 4 NO2, 한국디지털영상학회, 2007.
박순애, 「한국젊은이의 대일본 이미지 형성과 그 변화」, 『한중인문학연구』 제
　　　22집, 한중인문학회, 2007.
이　영, 「TV 만화영화의 문제점과 개선방향」, 『만화애니메이션연구』 통권 제2
　　　호, 한국만화애니메이션학회, 1998.

徐賢燮, 「韓國における日本文化の流入制限と開放」, 『長崎縣立大學國際情報學部研究紀要』 第13号, 2012, pp.241-253

出口弘, 「日本漫畫と文化多樣性-マンガをめぐる現狀と歷史的経緯」, 『情報の科學と技術』 64巻4号, 情報科學技術協會, 2014.

玄武岩, 「越境するアニメソングの共同体-日本大衆文化をめぐる韓國の文化的アイデンティティとオリジナルへの欲望-」, 『國際廣報メディア・觀光學ジャーナル』 Vol18, 2014.

걷는 좀비 위에 뛰는 강시 있다

구사노 다쿠미 외 1인, 『환상동물사전』, 도서출판 들녘, 2001.

김인회 외, 『한국무속의 종합적 고찰』, 고려대학교 민족문화연구소, 1982.

성균관대학교대동문화연구원, 『한국인의 생활의식과 민중예술』, 성균관대 학교 출판부, 1983. 시노다 고이치, 이송은, 『중국환상세계』, 도서출판 들녘, 2007.

이부영, 『한국민족문화대백과-부적[符籍]』, 한국학중앙연구원.

정민 외 3인, 『살아있는 한자 교과서』, 휴머니스트, 2011.

테리 브룩스, 『판타지의 주인공들』, 도서출판 들녘, 2010.

한중수 저, 『(만고비전)영부작대전』, 명문당, 1977.

한혜원, 『뱀파이어 연대기』, (주)살림출판사, 2004.

함문재 감역, 『(만법)영부비전』, 1974

8090 오락실 문화

윤형섭 외, 네이버지식백과, 한국게임의 역사, 북코리아, 2013.

위키피디아

위키백과

『매일경제』

『경향신문』

『동아일보』